슈퍼 연금

슈퍼 연금

김인응 지음

당신은 연금을

저축하고 있습니까?

투자하고 있습니까?

SUPER PENSION

퇴직연금 실물이전제도 본격 시행!!

연금저축과 투자를 활용한 노후 준비 해법

연금저축은 세액공제나 받고 확정금리로 묶어두는 자산이 아니라
장기투자의 장점을 활용해 키워가는 전략이 필요하고,
연금 실물이전제도를 활용해 잠자는 연금을 깨우는 갈아타기 전략이 필요하다.

들어가며

왜 연금인가!

　축복 속에서 감사와 기쁨으로 누려야 할 '장수'를 두려움과 불안으로 느끼는 이유는 무엇일까? 아마 가장 큰 이유는 부족한 경제력과 건강에 대한 염려 때문일 것이다. 우리는 국민소득 3만 5천 달러인 세계 경제 규모 10위권 국가의 국민으로 살고 있다. 그러나 OECD 국가 중 노인빈곤율 1위라는 불명예를 얻은 것도 우리나라의 현주소다.
　저출산, 고령화 시대에 정부의 재정 악화는 신자본주의 독트린을 불러온다. 개인의 노후는 종국적으로 개인이 해결해야 할 뿐 국가가 책임지기에는 한계가 있다는 사실을 되새겨야 한다. 평균수명이 100세인 시대, 일명 '수명혁명'의 시대에 노후에도 품위를 유지하고 경제적 자유를 누리려면 연금이 필수다. 젊은이들은 집이나 좋은 차를 사는 것보다 연금에 가입해 노후를 대비하는 것이 고령화 시대를 살아가는 지혜로운 선택이 될 것이다.

직장에는 은퇴가 있어도 가계경제에는 은퇴가 없다. 수명은 내가 원하든 원치 않든 늘어나는데 국가 경제를 이끌어 갈 생산인구는 급격히 줄어들고 있다. 그러니 국가가 무엇을 해줄 거라는 기대감이 낮아지는 건 당연하다. 따라서 스스로 노후를 준비하지 않으면 나와 내 가족이 모든 걸 감당해야 한다. 이것이 앞서 노후를 맞이한 선배들을 보며 '타산지석(他山之石)'의 지혜를 얻어야 하는 이유다.

연금 상품은 노후생활 자금을 마련하는 수단이다. 누구나 손쉽게 가입할 수 있고, 가입자를 대상으로 우대혜택을 줌으로써 국가 또한 가입을 적극 지원한다. 그러나 연금 상품의 인기는 덜하다. 노후 준비에 관한 관심 부족, 노후생활에 대한 막연한 기대감, 정기예금보다 못한 저조한 수익률이 그 원인이다.

높은 산을 단숨에 오르고자 하면 무리수를 두어야 하고 치러야 할 대가 역시 커지고 만다. 하지만 구체적 목표를 세우고 준비한다면 목표를 달성할 확률은 높아진다. 따라서 노후는 장기적 관점에서 접근하고, 분명한 목표를 가지고 인내와 끈기를 발휘해 준비해야 한다. 소득이 생기기 시작하면 선저축 후소비라는 의지와 함께 적은 금액이라도 연금계좌를 개설해 싹을 틔워야 한다. 그런 다음 소득이 높아질수록, 여유가 생길수록 키워 나가는 구조를 만들어야 한다.

필자는 수십 년간 은행에서 자산관리, 연금설계 등 은퇴 상담 업무를 해왔다. 이 과정에서 은퇴 생활에 대한 이론적 지식과 함께 은퇴자들의 실제 이야기를 들었다. 그 결과 많은 퇴직자가 은퇴 준비를 소홀히 해왔고, 은퇴자금 마련과 관리에 대한 기본 지식 역시 부족하다는 사실을 확인하게 되었다. 누구나 노후를 맞이하는 것은 피할 수 없는 과정이기에 필자의 이론적 지식과 오랜 실무 경험의 나눔을 통해 많은 독자들이 보다 경제적으로 자유로운 노후생활을 준비해 나갈 수 있도록 돕고자 이 책을 쓰게 되었다.

사회 초년생은 물론이고 경제활동을 활발히 하고 있는 30~40대, 노후를 앞둔 50~60대에게 현실적인 연금 활용법을 제시하고, 활용 가능한 연금 상품의 특징과 장단점을 분석해 제시했다. 각자에게 맞는 연금 상품을 선택해 가입하도록 안내하고 관리 요령을 제시함으로써 수익률을 높일 수 있게 했다. 또한 최유효 활용 방안을 제시해 주 소득을 창출하는 기간보다 더 길어질 노후에 경제적 여유를 한층 더 누릴 수 있게 했다.

김인응

목차

들어가며
왜 연금인가!

1장. 100세 시대, 연금 없는 노후는 불행하다

늘어난 노후생활 기간, 연금의 활용 가치는 더 높아진다 ········ 14
연금에 대한 생각의 틀을 바꿔야 한다 ········ 22
50대 이후 은퇴자들이 가장 후회하는 것은 무엇일까 ········ 27
평균수명 100세 시대, 피할 수 없는 우리 시대의 운명이다 ········ 30
경제적 안정은 품위 있는 노후생활의 첫 단추다 ········ 36
보유자산의 크기보다는 사용 가능한 자산을 키워야 한다 ········ 42
행복한 노후를 위해 연금만큼 중요한 것들 ········ 48

2장. 국민연금 활용 극대화 전략

국민연금은 기피 대상이 아니라 활용 대상이다 ········· 56
국민연금의 기대치와 한계는 무엇인가 ············· 61
국민연금 못 받을 걱정, 베이비붐 세대는 안 해도 된다 ··· 67
그럼에도 국민연금은 노후 핵심소득원이다 ·········· 72
국민연금 조기 수령의 장단점은 무엇인가 ··········· 76
국민연금 나중에 받기의 장단점은 무엇인가 ·········· 81
국민연금을 더 받는 방법이 있다 ·················· 85
국민연금을 감액받지 않는 방법이 있다 ············· 94

3장. 연금저축과 연금투자 상품 활용포인트 분석

연금으로 활용할 수 있는 금융상품의 종류와 특징 분석 ···· 100
연금저축, 자세히 보아야 100% 활용 가능하다 ········· 104
개인형 퇴직연금계좌(IRP): 은퇴 준비를 위한 필수상품 ···· 110
개인종합자산관리계좌(ISA): 재테크와 노후 자금 활용의 만능통장 ···· 120
일반 연금보험: 종신연금 기능을 탑재한 연금 상품 ······ 124
최저이율보증 변액연금: 최저이율을 보증하는 종신연금 ···· 127
TDF: 노후 자금 마련 및 생애 자산관리 펀드 ··········· 134
TIF: 배당금을 활용한 노후 자금 마련 펀드 ············ 138
ETF: 분산효과로 수익을 얻는 펀드 ················· 142

4장. 내게 딱 맞는 연금 만드는 법과 연금 활용법

연금은 20~30대부터 준비해야 한다	148
40~50대, 연금 불리기에 집중하자	156
60~70대, 배당형 펀드로 연금 받자	168
ETF와 TDF/TIF, 어떻게 투자할 것인가	178
경제적 독립을 위한 연금 만들기 포트폴리오	187
연금 마련 투자에도 궁합이 있다	196
연금 인출 순서에 따라 세금이 달라진다	209

5장. 연금은 묶어두는 자산이 아니라 키워가는 자산

퇴직연금계좌(DB, DC, IRP) 실물이전제도 시행과 활용법	220
높은 연금수익률을 얻고 싶으면 이렇게 운용하자	225
연금수익률 관리에 도움이 되는 지표는 이것이다	236
연금과 세금의 관계, 알아두면 돈이 된다	244

6장. 주택연금을 이용해야 할 이유와 이용하지 말아야 할 이유

주택연금을 이용할 때 장점은 무엇인가 258
주택연금을 이용할 때 불리한 점은 무엇인가 264
그럼에도 주택연금을 이용해야 하는 이유 268

나가며
그래서 결론은 연금이다!

**부록-풍요로운 연금을 위해
이 정도 용어는 꼭 알아야 한다 • 292**

건강과 경제력이 뒷받침되지 않은 수명 연장은 고통의 세월 연장이라고 할 수 있다. 많은 사람이 행복한 장수(長壽)를 꿈꾸지만, 이를 위한 경제적 준비는 노후 삶의 질을 결정짓는 핵심 요소로 작용한다. 직장에는 은퇴가 있어도 가계경제 생활에는 은퇴가 없다. 누구나 맞이하게 될 노후 준비는 관심과 노력이 필요하다. 은퇴하기 전에 해야 할 일을 하지 않으면 은퇴 후 하기 싫은 일을 하며 살거나 불행한 삶을 살아야 한다. 행복한 노후생활을 꿈꾸는가? 그렇다면 누구나 손쉽고 상황에 맞게 시작할 수 있는 연금 상품 활용에 주목해야 한다.

1장

100세 시대, 연금 없는 노후는 불행하다

SUPER PENSION

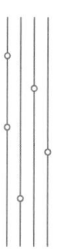
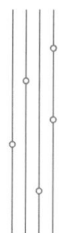

늘어난 노후생활 기간, 연금의 활용 가치는 더 높아진다

노후에는 자산 수입 외에 다른 소득을 창출하기가 어려우므로 자산 운용에서 안정성에 높은 비중을 두어야 한다. 자산에 손실이 발생하면 회복할 방법이 매우 제한적이고 위험하기 때문이다.

지난 20여 년간 아시아를 비롯한 유럽, 미주 등 여러 나라에서 인구 노령화가 빠르게 진행되고 있다. 정도 차이는 있으나 수명 연장에 따른 노령화는 공통된 현상이다. 우리나라는 경제협력개발기구(OECD) 38개국 중 고령화가 가장 빠르게 진행되고 있다. 이는 매스컴에서 자주 접했기에 대다수가 알고 있는 '상식'이다.

2040년에 이르면 1970년대에 태어난 사람들이 연금을 받으며 생활할 것이다. 이때 노인가구가 전체 가구 가운데 39%를 차지하고 인구

3명 중 1명이 노인인 나라가 될 것이라 한다. 2048년에는 전 세계에서 가장 '늙은' 나라가 될 것이라는 전망도 있다.

노후 빈곤율을 보면 우리와 경제 규모가 비슷한 국가보다도 못한 것이 현실이다. 그러나 늘어난 노후생활 기간에 필요한 경제적 재원을 마련해야 하는데도 조기퇴직, 창업환경 악화, 성장세 둔화 등으로 오히려 상황이 나빠지고 있다. 직장인의 경우 재직기간에 노후를 준비하는 경제적 수준이 매우 부족한 것으로 나타나고 있다.

이처럼 빠르게 진행되고 있는 고령화 사회에서 경제적 노후 준비는 노후 건강과 함께 삶의 질을 결정하지만, 대다수 중장년층은 은퇴와 노후에 대한 준비가 매우 부족한 상황이다. 은퇴 시기를 선택할 수 있는 자영업자나 전문직 종사자, 경영자가 아닌 근로자나 불안정한 소득 생활자가 가장 쉽게 선택하고 시작할 수 있는 노후 준비 방법은 무엇일까? 기존에 가입하고 있는 국민연금 이용을 극대화하는 방법과 부족분을 마련해 나갈 수 있는 개인연금 상품을 활용하는 방법이 있다.

노후를 건강하게 보내려고 할 때 준비해야 할 것 가운데 경제적인 부분이 크다. 그러나 '돈'만 마련한다고 해서 해결되는 것은 아니다. 타인과 소통할 수 있는 사회적 관계를 관리해야 하고, 경중에 상관없이 무엇인가 '할 수 있는 일'을 찾아야 한다. 액수가 크고 작음에 관계없이 노후에 일을 할 수 있다는 것은 '돈'과 '소속감'을 형성하는 데 중요한 역할을 한다. 또 외로움과 고독을 떨칠 최상의 방법이기도 하다.

그러나 안타깝게도 일할 수 있는 곳이 많지 않은 까닭에 노후 준비가 안 되어 있다면 고독에 빠지거나 움츠러든 생활을 할 수밖에 없다. 게다가 노후를 제대로 준비하는 사람들의 비율이 30% 수준에 불과한 것으로 조사되고 있으니 개인의 문제를 넘어 심각한 사회 문제로 작용해 나갈 것을 미루어 짐작할 수 있다.

인생의 계절에서 가장 긴 시간, 즉 '겨울'을 준비하려면 국가가 지원하는 공적연금은 물론이고 스스로 준비하는 개인연금을 활용해야 한다. 이는 초고령 사회를 앞둔 구성원으로서 선택이 아닌 필수라는 사실을 인지하고, 연금을 적극적으로 활용해야 하는 이유이다.

저성장·고령화 시대, 안정적인 현금흐름이 중요하다

40~50대까지는 재산을 늘리는 일에 관심을 집중했다면, 50대 이후부터는 모아둔 재산의 현금흐름이 잘 이루어지도록 하는 것이 중요하다. 재산의 가치와 효용성을 높일 수 있기 때문이다. 높은 수익을 기대하고 투자했던 자산이 오랫동안 묶이거나 필요할 때 사용할 수 없다면 자산으로서 기능을 상실하게 된다.

강남에 거주하는 류 사장님(63세)은 5년 전에 퇴직금과 모아놓은 돈을 모두 끌어모아 5층짜리 근린시설 부동산을 매입했다. 나중에 자녀들에게 물려줄 것까지 고려해서 가족법인 명의로 매입한 것이다. 그러나 코로나19 팬데믹 여파로 대출 금리가 높아진 데다가 1층 사무실이 공실이라 어려움을 겪고 있다. 임대수익이 적어 대출이자, 세금 공과금마저 부담하기 어려워지자 매도하기로 결정했다. 그런데 문제는 매물에 관심을 보이는 투자자가 없다는 것이다. 가격을 내려도 물건을 보러 오는 사람조차 없어 생활비마저 쪼들리고 있어 '벼락거지'가 될 처지에 놓였다.

노후생활 자금을 마련하려면 먼저 은퇴 시점에 안정적 생활비 조달이 가능하도록 현금흐름이 발생할 수 있게 해야 하고 나아가 보유한 자산이 수입을 창출할 수 있도록 해야 한다. 그리고 필요시에는 현금화, 즉 유동성을 확보할 수 있는 자산 비중을 높여야 한다. 이는 자산을 현금화하는 과정에서 불필요한 기회비용을 부담하지 않는 방법이다. 노후에는 자산 수입 외에 다른 소득을 창출하기가 어려우므로 자산운용에서 안정성에 높은 비중을 두어야 한다. 은퇴가 가까울수록 모은 자산에 손실이 발생하면 회복할 방법이 매우 제한적이고 위험하기 때문이다. 이때 안전성을 확보하면서 적절한 수익을 창출하는 방법이 바로 연금 상품을 활용하는 것이다.

연금 상품을 활용하면 1, 2금융권의 고금리 예금과 채권, 우량자산의 투자와 보장이라는 기능을 활용할 수 있다. 게다가 저성장 국면에 놓인 국내 시장이 아니라 성장성이 돋보이는 글로벌 경제시장을 활용할 수 있고 적절한 현금흐름을 만들 수 있어 노후생활 자금을 안정적으로 만들 수 있다. 또한 전문 관리 시스템이나 맞춤형 상품을 이용하면 나이가 들거나 판단력이 흐려져도 실수나 오류에 따른 경제적 손실을 피할 수 있다. 따라서 노후생활에 필요한 경제는 상황에 맞게 자산관리, 운용 방식까지 달라져야 한다.

사람들이 연금 상품 가입을
꺼리는 4가지 이유

    사람들이 노후 준비의 필요성을 느끼면서도 연금 상품 가입을 꺼리는 이유가 무엇일까? 이는 크게 4가지 요인 때문이다.

    첫째, 연금저축은 '돈이 장기간 묶이는 상품'이라고 생각해서이다. 직장인 박 팀장(36세)은 소득의 40%를 저축하지만 연금 상품 가입에는 부정적이다. 그는 연금에 가입하면 해지할 수 없고 돈이 묶여서 활용할 수 없기 때문에 연금보다는 펀드나 주식에 적극적으로 투자한다. 조금이라도 빨리 목돈을 만들고 싶은 이유도 있다.

    그런데 연금저축은 단순히 돈이 묶이는 곳이 아니다. 재무 목표를 효과적으로 달성하려면 자산을 전략적으로 배분해야 한다. 사람들은 대개 다른 투자 수단으로 돈을 굴려서 나중에 연금으로 쓰면 된다고 생각한다. 그러나 이제는 연금 상품을 활용할 때 더 좋은 결과를 기대할 수 있다. 바둑에서 초석을 잘 놓아야 하는 이유는 앞으로 벌어질 대전에서 좋은 위치를 선점하기 위해서다. 수입이 생기기 시작해 저축하며 관리해 나갈 때 가장 중요한 것은 높은 수익률이 아니라 목적에 적합한 상품을 선택하고 이용하는 것이다. 적절한 상품을 잘 활용하는 것만으로도 표면적 수익률보다 더 높은 가치를 얻을 수 있기 때문이다.

    노후 준비를 위한 연금 상품은 운용수익률 외에 세액 환급에 따른 부가 수익과 과세 유예를 통한 복리 투자 효과 등의 혜택을 활용할 수 있다. 그리고 투자 기간을 길게 설정하므로 우량자산에 장기투자 하거나 향후 성장성이 높은 자산에 적극적으로 분산투자 함으로써 시장 변동성의 위험을 낮추고 기대수익을 높여나가는 운용 전략을 활용할 수 있다.

최근 연금 상품은 많은 발전을 거듭해 세제 혜택을 받으려는 저축을 넘어 다양한 투자로 더 낮은 수수료에 안정적 운용구조를 활용할 수 있도록 만들어지고 있다. 따라서 금융 지식이 조금 부족하거나 바빠서 관리할 수 없더라도 적절하게 관리·운용을 할 수 있다. 고성장기에는 하루라도 빨리 집을 사야 했기에 노후 준비보다는 주택마련이라는 재무 목표 달성에 모든 역량을 동원했다. 그런데 저성장기에 접어든 지금은 특정 지역이 아니라면 집을 사놓는다고 해서 오르지 않는다. 그러니 자산을 내 집 마련이라는 목표 아래 한곳으로 모을 필요성도 줄어들었다. 따라서 자산을 운용해서 수익률을 높이고 싶다면 조건에 맞는 연금 상품을 선택해서 활용하는 것이 더 효과적인 저축과 투자가 될 수 있다.

둘째, 연금 상품의 수익률이 매우 저조해서다. 연금 상품이 출시된 이후 은행, 보험사 등 금융기관에 가입한 연금 상품을 보면 누적수익률이 극히 저조하다. 금융감독원 연금통합정보에 따르면, 최근 3년간 연금 상품의 평균 수익률은 은행 연금신탁의 경우 2%, 보험사의 경우 1.98%, 증권사에서 펀드로 가입한 경우 −1.13%로 매우 낮았다. 필자가 2005년에 세제 혜택을 받으려고 가입해서 20여 년이 지난 현재까지 보유하고 있는 연금보험 수익률 또한 시중은행 정기예금 수익률보다 많이 낮다. 그래서 해지하고 싶은 마음도 크지만 세제 혜택을 받았기에 중도해지를 했을 때 받을 불이익 때문에 울며 겨자 먹기로 계속 보유하고 있다.

그러나 최근 들어 은행·증권사에서 연금 수익률을 높이려는 노력을 경쟁적으로 하고 있고, 수익률도 크게 향상되고 있음을 볼 수 있다. 특히 연금펀드는 코로나19 이후 급격한 변동성이 사라지면서 안정세에 힘입어 평균 8%대의 높은 수익률을 실현하고 있다. 따라서 은퇴를 앞두었거나 은퇴 생활을 시작한 경우가 아니라면 안전성 위주의 저축 상품보다는 수익 추구형 연금 상품 활용도 적절히 해나가야 한다.

셋째, 노후 준비의 필요성 인식이 부족해서이다. 연금펀드를 운용하는 한 자산운용사에서 설문조사를 한 결과, 노후를 준비하지 않는 주요 이유로 '노후 준비에 대한 인식 부족'과 '구체적인 방법을 몰라서'라고 한 응답자가 28%나 되었다. 은퇴 시점에 접한 시니어를 대상으로 한 설문조사에서는 72%가 '본인의 은퇴 준비가 부족하다'고 답했고, 또 다른 설문조사에서는 은퇴를 미루고 싶은 이유로 '은퇴 준비가 안 되어서'라고 응답한 사람이 81%나 되었다.

노후에 이르러서야 노후 문제를 해결하겠다는 안일한 생각과 노후 준비에 필요한 금융 지식의 부족은 노후 준비 소홀로 이어진다. 또 현재 수입이 부족해서 생활을 유지하는 데 급급해 노후 준비가 뒷전으로 밀리기도 한다. 사람들은 대개 현재의 니즈에 더 높은 가치를 부여한다. 그래서 장기적 가치보다는 단기적 만족을 추구하는 경향이 있다. 장기적 가치가 높음에도 노후 준비는 긴급함이 덜하다는 이유로 노후 준비에 필요한 저축이 뒤로 밀리는 것이다. 연금은 목돈으로 가입할 수 있지만 적은 금액이라도 최대한 일찍 시작하는 것이 더 좋다.

넷째, 자산을 더 빨리, 더 많이 모으려는 욕심이 악수가 되어서다.

중견기업에서 근무하는 김 부장(55세)은 20년째 주식투자를 하고 있다. 재테크에 성공해서 조기은퇴와 풍요로운 노후를 꿈꾸지만, 그의 바람과 달리 주식 수익률은 마이너스를 벗어나지 못하고 있다. '그냥 저축이나 꼬박꼬박 할걸' 하는 후회도 하지만, 그동안 투자한 세월이 아까워 주식투자를 그만두지 못하고 있다.

많은 사람이 김 부장처럼 빠른 시일 안에 높은 수익률을 올리고 싶어서 저축을 하기보다는 '한 방'을 노린다. 그래서 주식이나 코인, 부동산 투자에 집중하고 연금 상품은 등한시한다. 그런데 일부 투자자를 제외하면, 대다수가 높은 수익은커녕 원금손실이 발생한 경우가 많다.

A 증권사에서 245만 명을 대상으로 투자 성과를 분석한 결과, 통계치가 나온 2022년(코로나19에 따른 하락 이후 어느 정도 회복한 시점) 한 해에만 평균 25%의 원금손실이 발생했고, 2023년까지도 원금을 회복하지 못한 사례가 많았다. 이를 개인투자자들의 사례로만 볼 수는 없다. 더 빨리, 더 많이 모으고 싶은 마음에 고금리 채권이나 주식, 선물, 옵션, 코인 등 공격적 성향의 상품에 투자하는 투자자들의 경우, 원금손실이 발생하는 수치가 평균 94%를 넘는다는 사실에 주목할 필요가 있다.

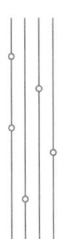
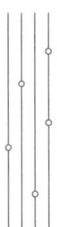

연금에 대한
생각의 틀을
바꿔야 한다

애써 모은 돈을 지키는 방법은 무엇일까? 그냥 맡길 것이 아니라 내가 지켜나가고 목적에 맞게 사용하려면 더 미뤄서는 안 되는 것이 있다. 바로 금융과 연금 상품 공부다.

최 부장은 모아둔 돈도 없는데 중년에 접어들자 불안해져서 매주 복권을 샀고, 상여금 등 돈이 조금이라도 생기면 코인 같은 투기성 자산에 투자했다. 그는 이마저도 안 하면 유일한 희망조차 사라진다며 자신의 미래에 대한 위로수단으로 삼고 있다. 필자는 안타까운 마음에 차라리 그 돈으로 당첨률이 100%인 연금에 가입하라고 권했다. "티끌 모아 태산"이라는 속담처럼, 노후를 준비하는 가장 확실한 방법은 인내심을 가지고 저축하는 일이다.

고령화가 사회 문제가 되면서 금융기관에서는 연금 상품의 유치경쟁과 안정적 수익률 확보 등 경쟁력을 높이고자 애쓰고 있다. 이를 위해 연금 상품 관리 기법과 운용 시스템을 구축하고, 전문 인력을 배치해 적극적으로 투자하고 있다. 그러니 연금 상품에 가입하고 조금만 관심을 가진다면 수익성을 높여 연금자산 증식의 재테크가 가능해진다.

필자가 30대 초반일 때는 노후라는 말이 멀게만 느껴졌다. 그런데 연금을 불입하면 절세 혜택이 있다는 사실을 알고 나서 소득의 일정 부분을 연금보험과 펀드에 납입했다. 그리고 연금 가입으로 환급되는 세액을 또다시 연금계좌에 불입하고, 여유자금이 생길 때마다 연금계좌에 추가납입을 했다. 그리고 연금 상품을 금리형 상품으로 안정적으로 운용하기보다는 금융기관이 제공하는 연금펀드 중 성장성이 높을 것으로 예상되는 신흥국(인도 등) 펀드와 미국 등 선진시장의 시장지배 산업과 성장산업 상장지수펀드(ETF) 상품을 적극 이용했다. 그 결과 전체 연금자산의 평균 수익률은 지난 5년간의 수익률이 오랜 기간 확정금리형 상품으로 운용했던 것보다 훨씬 높은 수익률을 실현하고 있다.

퇴직 후 필요하게 될 생활비 마련 방법을 살펴보던 중 지금까지 유지해 온 연금계좌들이 유용하고 든든한 초석들이 되고 있어 감사한 마음이 절로 나오게 된다. 이러한 연금계좌들이 노후생활 자금을 조달하는 데 60% 정도를 책임져 주는 핵심 요인이 되기 때문이다. 이는 생활이 어려웠을 때도 멈추지 않고 꾸준히 불입했던 연금이라는 점, 목돈 사용 유혹이나 주식 등 다른 투자 유혹이 있더라도 끝까지 유지해 왔다는 점에서 현명한 선택이었음을 자부한다.

은퇴 시점에서는
자산의 연금화가 필요하다

경제적 여유가 있다면 노후에 돈 걱정을 안 할 수 있겠지만, 안정적인 현금흐름 구조를 만들어 두지 않는다면 노후생활 자금을 마련하기가 부담스러울 수 있다. 금년 초 노년층 고객들 가운데 조금이라도 높은 수익을 얻기 위해 주가지수 연계증권(ELS)에 목돈을 투자했다가 투자수익은 고사하고 원금마저 잃은 뒤 필자에게 상담하러 온 사람들이 많았다.

시장에서 장을 볼 때 몇천 원이라도 싸게 사려고 애쓰는 반면, 모아둔 돈에서 이자를 받기는커녕 수백, 수천만 원에 이르는 원금을 까먹어도 의외로 덤덤한 이들을 볼 때가 있다. 시장에서 아끼고자 했던 몇천 원과 투자를 잘못해서 까먹은 수백, 수천만 원은 다른 돈인가 싶을 정도다. 연금 마련을 위한 저축과 투자에서 중요한 것은 높은 수익이 아니다. 적절한 수익에 안정성이 가장 우선시되어야 한다.

30~40대는 자산 증식에 중지를 모아야 할 시기라면 50대는 중위험·중수익의 포트폴리오 조정을 통한 밸런스 유지, 50대 이후는 자산 증식보다는 안정성이 우선시되어야 한다. 이때는 채권이나 주가지수 ETF 등 위험관리가 가능한 자산을 활용하는 것이 좋다. 주 소득원이 단절된 상태에서 투자 손실이 발생하게 되면 메울 방법이 없기 때문이다. 따라서 상품선택은 검증된 상품을 선정해 투자해야 한다.

퇴직으로 인해 별다른 소득이 없어서 모아둔 돈을 인출하여 쓰다 보면 줄어드는 잔고에 마음이 급해지게 마련이다. 그러다 보니 조금이라도 높은 이자를 준다는 금융기관을 전전하고, 금융기관 직원들은 수익률을 원하는 고객에게 투자위험이 있음에도 불구하고 그러한 상품을 추천하게 되는 것이 일반적이다.

애써 모은 돈을 지키는 방법은 무엇일까? 그냥 맡길 것이 아니라 내가 지켜나가고 목적에 맞게 사용하려면 더 미뤄서는 안 되는 것이 있다. 바로 금융과 연금 상품 공부다. 이로써 기회를 찾거나 위험을 관리하는 방법을 알아둬야 한다. 평소에 관심을 두었거나 금융기관 직원이 추천해 준 상품이라면, 충분히 이해할 만큼 설명을 들어야 한다. 그래도 이해를 못 하면 이해가 될 때까지 상품 가입을 미루거나 투자를 미루는 것도 한 방법이다. 자산관리에서 중요한 원칙이 하나 있다. '이해되지 않는 상품에는 투자하지 말라'는 것이다. 상품 구조가 복잡하거나 상품을 관리할 능력이 없다면, 이익은 차치하고 문제가 생길 가능성이 더 크기 때문이다.

퇴직자들의 퇴직금을 노리거나 부동산 시장에 막연한 기대감이 있는 은퇴자들의 돈을 끌어들이려는 사람들의 유혹이 은퇴 전후의 사람들에게 더 조직적이고 집요하다. 가치 상승이 확실하다고 말하거나 높은 임대수익률을 보장하겠다는 과장된 말로 투자자를 유인하기도 한다. 따라서 그들의 유혹에 넘어가지 않고 자산을 안전하게 관리·운용하려면 '연금'이라는 안전장치가 필수다.

자녀와 좋은 관계를 유지하려면
연금화가 필요하다

목돈이나 부동산 자산을 보유한 부모 가운데 자녀들이 증여를 요청하거나 상속 문제 등으로 불화가 생기는 경우가 종종 있다. 이때 자산의 연금화를 통해 연금으로 지급되도록 해두면 오래 살게 되는 것이 가족 경제에 오히려 도움이 되므로, 자녀들은 부모님의 장수를 부담스러워 하지 않으며 오히려 오래 사시길 기원한다. 그런데 목돈이나 부동산처럼 실물자산이 있으면 상황은 달라진다. 따라서 물려줄 자산이 아니라면 가능한 자산의 연금화가 가족 간에 발생할 수 있는 여러 문제를 사전에 예방하는 해결책은 물론 부모와 자녀들 간의 관계에서 우호적으로 흘러가게 된다.

결국 연금은 살아갈 날이 많이 남은 우리에게 경제적 안정과 심리적 안정을 동시에 가져다준다. 말 그대로 '품격 있는' 노후생활을 하고 싶다면, 지체 없이 연금에 가입하고 이를 활용해 보자. 연금은 평균수명 100세 시대에 나를 지켜주는 유용한 수단이 될 것이다.

50대 이후 은퇴자들이 가장 후회하는 것은 무엇일까

육체적·영적·지적·사회적·경제적 영역에서 목표를 하나씩 세우고 준비한다면 당당히 노후를 맞이할 수 있고, 이야말로 가보지 않은 길을 지혜롭게 헤쳐나가는 방법이 된다.

한 금융기관에서 퇴직을 앞두고 있거나 퇴직한 50대를 대상으로 재정, 건강, 일, 인간관계, 취미와 여가 등 은퇴 생활의 근간이 되는 항목을 주제로 설문조사를 했는데 그 결과가 매우 흥미롭다. '가장 아쉬운 부분'은 '퇴직 전에 재정 관리를 제대로 못 했다는 것'이 압도적인 비중을 차지했다. 다음으로 '퇴직 후의 일자리 계획과 준비를 하지 못한 것, 건강관리, 취미와 여가, 가족 등 관계 소홀' 순이었다. 여기서 우리는 '재정 관리 미흡'을 세부적으로 살펴볼 필요가 있다. 재정 관리는

'개인연금 상품 가입을 소홀히 한 점'을 가장 후회하는 것으로 나왔고, '퇴직금 중간 정산을 한 점'이 뒤를 이었다.

다른 설문조사를 보자. 가입한 연금 상품과 목돈을 주식이나 채권, ETF 등 펀드 상품을 활용해서 적극적으로 운용하지 않고, 예금이나 보험 등 보수적인 자산에 묻어둔 것을 후회하는 점으로 꼽았다. 연금의 재원으로 사용 가능한 자금을 불리지 못한 일을 후회하는 것으로 나타났다.

개인연금 상품 가입을
소홀히 한 게 가장 후회되는 일

필자가 상담했던 사례를 살펴보자. 감정평가회사에서 근무하는 최이사님은 은행에 연금신탁을 15년간 불입했는데, 퇴직금 중간 정산으로 목돈을 수령하면서 필자를 찾았다. 기존에 가입한 연금신탁은 수수료를 공제한 후 15년간 평균수익률이 연 1.8% 수준으로 매우 저조했다. 그럼에도 납입액의 일정 한도 안에서 세제 혜택을 받을 수 있었기에 유지하고 있는 상태였다. 게다가 당시 중간 정산을 해서 받은 퇴직금을 개인퇴직금 관리계좌(IRP)로 수령한 상황이었다.

'자금 사용 계획'을 상담하면서 그가 '목돈을 노후 자금으로 사용하고 싶어 한다'는 것을 알 수 있었다. 그래서 기존에 가입한, 수익률이 낮은 연금신탁을 연금펀드로 전환하고, 중간 정산으로 받은 퇴직금은

IRP에 입금했다.

은퇴까지 10여 년이 남았으니 이를 감안해서 원리금이 보장되는 상품보다는 채권과 주식형 펀드상품으로 포트폴리오를 구성했다. 그리고 장기적으로 봤을 때 성장 전망이 좋은 산업에 투자하는 ETF와 국내 설정 미국 S&P500지수에 투자하는 펀드 등에 분산투자 한 후, 수익률이 좋은 펀드는 계속 유지하고 변동성이 다소 높은 펀드는 일정 수익률을 달성했을 때 갈아타기로 했다. 운용 및 관리를 5년간 해온 결과 현재 연평균 수익률이 8.5%에 달한다. 이는 납입 원금 대비 5년간 43% 수준이라는 높은 누적수익률을 달성한 것이다.

연금 상품은 가입도 중요하지만 관리가 무척 중요하다. 길어진 수명만큼 필요한 노후 자금도 늘어났으므로 은퇴까지 5년 이상 남아 있다면 시장 상황을 살펴서 자산운용을 해야 한다. 늘어난 수명에 필요한 경제적 재원을 마련해 갈 수 있도록 해야 한다는 것이다.

우리는 은퇴 후 30년 이상을 더 살아야 하는데, 이는 결코 짧은 시간이 아니다. 오래 살기를 원하는 사람이나 준비된 사람만 오래 살았으면 좋으련만, 누구나 선택할 여지 없이 오래 살아야 한다는 데서 문제가 시작된다. 은퇴한 후에는 불러주는 곳도 반겨주는 곳도 많지 않다. 수입은 없고 주머니를 열어야 할 상황만 많아진다. 경제력은 노후에 자기 위치를 결정할 만큼 강력하다. 학창 시절에 공부를 잘했던 친구도, 잘생긴 친구도 아닌 돈을 잘 쓰는 친구가 가장 인기 있음을 누구나 한 번쯤은 겪어봤을 것이다.

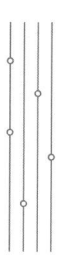 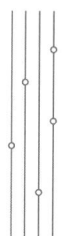

평균수명 100세 시대, 피할 수 없는 우리 시대의 운명이다

> 삶의 질을 유지해 나갈 수 있는 건강을 지키는 것이 노후에 경제적 가치가 크다는 점을 명심하고 평소 건강을 관리해 막대한 의료비 지출이라는 기회비용을 줄여나가야 한다.

수명이 늘어난다는 것은 인류의 염원이다. 게다가 인류 문화가 지속적으로 추구하는 본질의 문제다. 역사 속에서 인류의 평균수명을 살펴보면, 기원전 100년에는 25세, 1900년대에는 47세, 2010년대에는 81세였으며 2040년에는 100세가 될 것이라고 한다.

그런데 늘어가는 수명만큼 인류의 행복도도 높아졌을까? 〈FP저널〉에 따르면, 행복수명을 4가지 지표(건강수명 · 경제수명 · 활동수명 · 관계수명)를 기준으로 삼아 조사한 결과, 한국인의 행복수명은 기대수명보다

8.2세 낮았다. 이는 고령 국가인 일본, 독일, 미국, 영국보다 훨씬 낮은 수준이다. 행복수명이 기대수명보다 낮고 모든 지표에서 우리나라가 다른 나라보다 낮은 이유는 노후 준비에 대한 인식이 낮고 노후를 준비하려 시간적·금전적 투자를 하지 않아서다.

긴 수명을 행복 가득한 시간으로 만들려면 반드시 노력해야 하기에 '행복한 인생을 살기 위한 5가지 영역'을 살펴보고 균형을 잡는 방안을 소개한다.

첫째, 육체적 건강을 유지하려고 노력해야 한다. 둘째, 올바른 신앙생활로 영적·정신적 건강을 유지해야 한다. 셋째, 사회적 영역에서 자기관리를 해야 한다. 넷째, 뇌 기능 저하를 줄이고 관계에서 품격을 유지하는 지적 영역이 무너지지 않게 해야 한다. 다섯째, 경제적 안정을 적절히 이루어야 한다.

전 세계적으로 유명한 일본 출신 야구선수 오타니 쇼헤이를 보자. 그는 단순히 자신의 신체적 우월성에 만족하지 않고 성공의 열쇠를 만들기 위해 강점은 살리고 약점은 보완하려고 남다른 노력을 해온 것으로 유명하다. 그는 '만다라트'를 만들어 목표를 설정한 다음 지속적으로 실천했고, 오늘날 세계 최고 연봉을 자랑하는 선수가 되었다. 신체적으로 건강하고 힘만 세다고 행복이 오는 것은 아니다. 영적·지적·경제적으로도 균형을 이루어야 진정한 행복이 만들어진다.

준비되지 않은 노후생활은
고통의 세월만 연장한다

경제력이 뒷받침되지 않으면 가족관계든 사회관계든 피하게 되고, 위축된 상태가 지속되면 점점 멀어지고 만다. 나이가 들수록 고독을 느끼는 빈도와 강도가 높은데, 그 원인으로 사회적 고립과 단절을 들 수 있다. 설 자리가 사라지면서 살아갈 의욕이 꺾이고 건강마저 나빠진다.

중견기업 임원 출신으로 골프를 좋아하던 오 전무님 사례를 보자. 그는 58세에 퇴직한 뒤 마땅한 직장을 찾지 못하자 취미로 하던 골프를 계속하기가 부담스러워져 골프 모임에서 빠지고 말았다. 취미를 등산으로 바꾸어 보았지만 갈 만한 산은 다 오르고 나니 등산에 대한 흥미 또한 잃었다. 지금은 하루하루 무료하게 보내면서 자신도 모르게 가족의 눈치를 보게 된다고 하였다. 누구에게나 찾아오는 노후를 시간만 때우면서 보내는 것은 너무 힘든 일이라 할 수 있다. 지루한 시간을 견디고, 사람을 만나 세상 돌아가는 이야기를 나눠야 고독을 이겨낼 수 있다.

얼마 전까지만 해도 100세 전후인 사람들을 신기하게 바라보았지만 이제는 여러 매체에서 이들을 쉽게 볼 수 있다. OECD 보건 통계에 따르면, 2021년 한국인의 평균수명은 83.6년으로 세계 최고 수준이다. 수명 전망치는 조사 방법이나 발표기관에 따라 다른데, 가장 현실적인 수치는 보험개발원이 조사하는 통계다. 보험개발원이 생명보험 요율표를 만들려고 조사하는 통계인데, 이 수치가 현실적이지 않으면 보험료가 과대 계상되거나 과소 계상되어 보험의 기능을 무색하게 만들 수 있기 때문이다.

보험개발원이 발표한 자료에 따르면, 우리나라 여성의 평균수명은 90.7세, 남성은 86.3세다. 이는 2019년에 조사한 통계 수치에 비해 여자는 2.2세, 남자는 2.8세가 각각 늘어난 수치다. 중요한 것은 의술이 발달하고 건강관리에 관심이 높아지면서 수명의 증가 속도가 더 빨라지고 있다는 것이다. 평균수명이 90세이면 90세 전후로 죽는 사람도 많겠지만 많은 사람이 100세 이상 살 가능성이 커졌다는 점에 주목해야 한다.

수명은 하늘이 내려주는 천수(天壽)와 스스로의 힘으로 일상을 살아갈 수 있는 건강수명 2가지로 나눌 수 있다. 천수는 기대수명으로 태어나는 자가 살아갈 날을 하늘이 내려준 것이고, 건강수명은 무엇을 먹고 어떻게 관리해 나가느냐에 따라 달라지는 수명이다. 건강수명은 기대수명에서 사고나 질병으로 불편하게 살아가야 하는 기간을 차감한 나이로, 본인이 다른 사람의 도움 없이 생활할 수 있는 수명을 뜻한다.

한국건강증진개발원 발표 자료에 따르면 우리나라의 경우 평균수명 증가 속도를 1로 했을 때 건강수명 증가 속도는 0.5에도 미치지 못하는 것으로 나타났는데, 이는 남녀가 평균 12년 정도는 중대 질병이나 장애를 안고 살아가야 한다는 것이다. 옛날처럼 효부·효녀가 있어 간병을 받을 수 있는 사례는 극히 드물고 일반적으로 간병인을 쓰게 된다. 그런데 전후 세대가 노령화하면서 간병이 필요한 인구는 급격히 증가하는 반면 간병 인력은 그 수요를 따라가지 못하고 있다. 그래서 믿고 맡길 만한 간병 인력을 구하기도 어렵고 간병비 또한 하루 12만 ~15만 원에 이르지만 이마저 빠르게 상승하고 있다.

기대수명과 건강수명의 차이에서 소요되는 의료비가 실비보험으로 충당되지 않거나 경제적으로 준비되지 않은 경우 가계의 파탄은 물론 가족 간 분쟁과 논란의 불씨가 된다. 따라서 경제적 준비도 중요하지만, 무엇보다 삶의 질을 유지해 나갈 수 있는 건강을 지키는 것이 노후에 경제적 가치가 크다는 점을 명심하고 평소 건강을 관리해 막대한 의료비 지출이라는 기회비용을 줄여나가야 한다.

● **한국인 건강수명과 간병비 추이**

이처럼 우리나라 남녀의 생물학적 수명은 빠르게 증가하지만 비만 증가와 각종 스트레스에 따른 정신질환, 만성질환 등으로 건강수명은 그다지 늘어나지 않고 있다. 게다가 경제력마저 갖추어지지 않아 자신은 물론 가족에게 큰 부담을 지우게 됨으로써 오래 사는 것이 재앙이 되는 위험을 심각하게 인식해야 한다. 이는 개인의 노력이 많은 부분 영향을 미치므로 건강하려면 건강한 생활습관을 찾아 개선·유지·관리해야 한다.

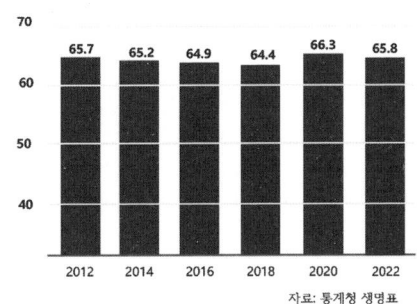

한국인 건강수명 변동 추이

자료: 통계청 생명표

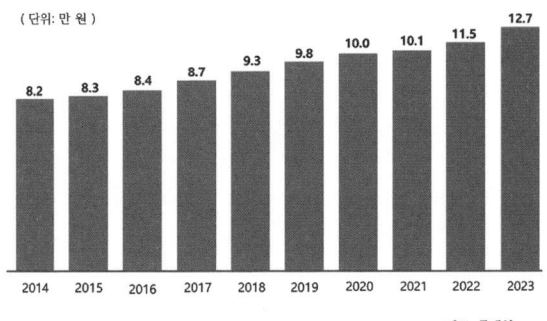

연도별 1일 간병비 추이
(단위: 만 원)

자료: 통계청

　　의료기술은 물론 인공지능(AI)의 발달은 가뜩이나 빨리 늘어나는 수명에 가속도를 붙이는 모양새다. 개인이 사용하는 각양의 정보기술(IT) 제품에 AI가 탑재되어 신체기능을 체크하고 부족한 부분에 대한 정보를 제공한다. 신체에서 부족한 기능을 찾고 개인에게 맞는 신체활동과 수명에 직접 영향을 미치는 수면은 물론 영양 상태를 체크해 개선해 나가도록 함으로써 사망원인을 줄이고 수명 연장에 기여한다. 2000년 이후 수명 연장 속도가 빠르게 진행되었듯이 향후 20~30년이 지나면 또 다른 상상 이상의 수명 세계에 직면할 수 있다는 점을 생각해야 한다.

경제적 안정은
품위 있는
노후생활의 첫 단추다

재산은 모으는 것도 중요하지만 필요한 것에 사용할 때 진정한 가치를 발하는 것이라는 평범하고도 당연한 진리를 현실적 관점에서 생각해 볼 필요가 있다.

누구에게나 젊음의 시절이 있듯이 피할 수 없이 맞이해야 하는 것이 노년의 삶이다. 재물이 많다고 거만해질 것도 아니지만 재물이 없다고 위축될 것도 아니다. 재물은 살아가는 동안 필요한 수단에 불과하며, 주어진 환경에서 당당한 모습을 보이는 것은 선택의 문제다.

길어진 노후를 품격 있게 살아가려면 경제력은 물론 건강을 관리하고 사회적 활동, 여가시간 활용 등을 할 수 있도록 내적·외적 준비를 해야 한다. 준비된 자가 누릴 수 있는 것이 시장경제를 살아가는 현실이다. 열심히 노력해서 사회적·경제적으로 성공했다 해도 그것을 누릴 수 있어야 비로소 내 것이 된다. 또한 60대부터는 받는 삶에서 주는 삶, 베푸는 삶으로 패턴이 바뀌어야 한다.

퇴직 후 수입원은 재산소득으로 한정되어 있는 데 비해 지출처는 여전히 무한정이지만, 수입을 늘리는 데는 한계가 있어도 지출을 줄이는 것은 자신의 의지와 노력에 따라 어느 정도는 가능하다. 주 소득원이 단절되면 심리적 불안으로 돈 쓰기를 주저하게 되고 생활이 위축된다. 하지만 지나친 절약은 삶의 질을 떨어뜨리고 관계를 깨뜨린다는 점에서 새는 돈을 막는 것과 절약의 의미는 다르다는 사실을 되새겨 볼 필요가 있다. 써야 할 돈을 쓰지 않는 것이 절약이 아니다. 돈은 필요에 맞게 쓰일 때 그 가치가 빛난다.

노후생활의 품위는
건강과 돈에서 나온다

가회동에서 사는 70대 후반의 사모님은 외아들이 결혼해 미국에서 살고 있었고, 3년 전 남편과 사별한 후 가회동 주택에 혼자 거주하셨다. 주택 가치를 제외하고 은행에 예금한 돈만 20억 원이나 되는 VIP 고객으로, 그동안 남편이 모든 자산을 관리했는데 사별 후 사모님이 돈을 관리하게 되었다. 예금 만기 때는 물론 특별한 일이 없어도 가끔 찾아뵈었는데 집에 갈 때마다 라면 냄새가 났다. 식사는 잘하시냐고

물으면 귀찮아서 한 끼 때우는 식으로 해결한다고 하셨다.

미국에 있는 아들은 가끔 사모님이 전화를 걸어 안부를 물어볼 뿐 거의 보지 못하고 지낸다고 하셨다. 성격이 은둔형으로 외부 활동이 적어 주변에 자주 왕래하는 분도 거의 없다고 하셨다. 그렇게 2년이 지났을 무렵 인사이동으로 그 고객을 맡게 된 직원으로부터 그분이 돌아가셨다는 연락이 왔다. 놀라운 것은 영양부족이 건강 악화의 시발점이 되어 결국 사망에 이르게 되었다는 것이었다. 참으로 충격이 아닐 수 없었다. 그 많은 돈을 아껴서 무엇 하려고 그랬나 싶은 마음과 한편으로는 근검절약이 몸에 밴 어른 세대에서 흔히 볼 수 있는 모습으로 돈을 벌 줄만 알지 쓸 줄 모르는 유형이 아니었나 하는 생각도 들었다.

어학원을 운영해 재력가가 된 민 회장님의 자산관리를 담당했을 때 들은 이야기 가운데 기억에 남은 것이 있다. 돈을 벌고자 애쓸 때는 사람들이 피하고 멀리하더니 좋은 단체를 만들어 돈을 쓰며 사회에 기여하니 좋은 사람들이 주변에 많이 모이더라는 것이다. 그래서 나이 들어서는 돈을 써야 가족 간은 물론 주변과 관계도 좋아져 외롭지 않게 생활할 수 있다고 하셨다.

위 사례에서 볼 수 있듯이 재산은 모으는 것도 중요하지만 필요한 것에 사용할 때 진정한 가치를 발하는 것이라는 평범하고도 당연한 진리를 현실적 관점에서 생각해 볼 필요가 있다. 부동산 등 묶여 있는 재산이 많거나 필요할 때 사용할 수 없는 재산이 많은 것은 관리하는 수고를 더할 뿐 내 재산이 아니라고 할 수 있다. 애써 모았지만 쓰지 않고 남긴 재산은 많은 부분 국가에 세금으로 헌납하게 되거나 가족들 간 논란과 불화의 원인이 될 가능성이 크기 때문이다.

건강은 노후 삶의 질을 높이고, 3억 원 이상의 연금 가치가 있다

생애주기별 자금 소요 사이클을 보면, 은퇴 직후인 60~70대 초반까지는 평균적으로 건강수명이 유지되면서 취미 활동, 경조사 참여 등 외부 활동을 어느 정도 하고 생활비 지출도 만만치 않은 수준이다. 하지만 70대 초반을 넘어서면 외부 활동이 줄어들고 생활비 지출도 현격히 줄어들지만, 의료비 지출이 빠르게 증가하는 것을 알 수 있다. 생명보험협회에서 발표한 자료에 따르면, 노인인구 1인당 평균 의료비 지출액은 연 500만 원 수준이지만 전체 인구 1인당 의료비 지출액은 연 170만 원 수준이다.

건강관리를 잘해 의료비 지출을 줄인다면 마이너스 요인을 마이너스함으로써 오히려 플러스 요인으로 만들어 경제적으로 여유를 만들게 되고, 약값이나 병원비로 들어가야 할 돈을 건강관리에 투자함으로써 건강한 삶의 선순환 구조를 만들어 갈 수 있다. 필자가 사는 아파트의 헬스장에 갈 때마다 70대 이상 어르신들이 출근하듯 일정 시간대에 나와 운동도 하고 교제도 하며 친분을 쌓아가는 모습을 보면서 나의 70대를 생각하게 된다.

보험개발원이 발표한 남녀 기대여명을 보면 88.5세(남자 86.3세, 여자 90.7세)로 90세 문턱에 다다랐다. 하지만 통계청의 발표에 따르면, 노후 사망 시까지 17년을 만성질환으로 힘들게 살며, 10년 이상을 중대 질병과 장애 속에서 산다고 한다. 가족의 돌봄을 받기가 어려워진 상황에서 간병 서비스라도 받으려면 간병비가 하루 기준 12만 7천 원(통계청, 2023년 7월 기준)으로 월평균 380만 원이나 된다. 게다가 간병 서비스 인력이 턱없이 부족해 간병비가 지속적으로 상승할 것으로 보이므로 그 비용은 더 커질 것을 짐작할 수 있다.

보험연구원(KIRI) 자료를 보면 평균 간병 기간이 6년이므로 결국 필요 간병비는 3억 원 정도라고 유추할 수 있다. 생애주기에서 사망 직전 1년간 비용이 가장 많이 든다고 하는데, 이때 부족한 노후 자금이 자식들의 가계경제마저 무너뜨려 가난한 사람을 만들어 내는 악순환의 고리가 된다. 노후에 간병받을 상황에 놓이기를 바라는 사람은 아무도 없다. 따라서 평소 경각심을 갖고 건강을 관리하면 거액의 의료비와 간병비 지출을 줄이는 것이며, 연금을 3억 원 정도 확보하는 것 이상의 가치가 있어 삶의 질을 높이는 데도 의미가 있다.

● 생애주기별 지출 곡선

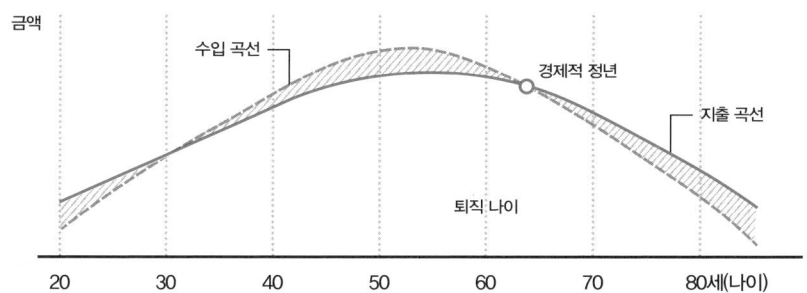

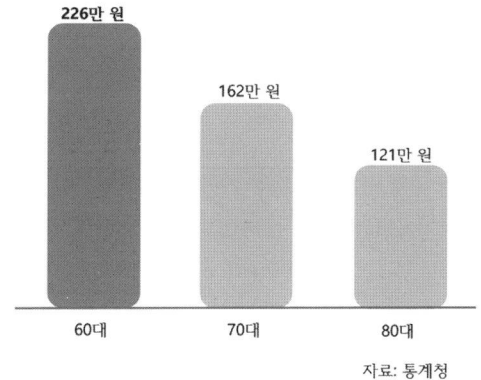

은퇴 가정의 연령대별 소비 추이

자료: 통계청

보유자산의 크기보다는 사용 가능한 자산을 키워야 한다

은퇴 후에 정보를 얻고 좋은 관계를 만들어 가려면 끊임없이 노력해야 한다. 한없이 늘어지고 귀찮아지기 쉬운 노년 생활에서 '부지런함'은 뇌의 노화를 늦추고 뒤떨어져 가는 사고를 젊게 해준다.

부동산 거래 시 대출 지원으로 잘 알게 된 정 사장님(68세)은 재산이 대부분 아파트와 상가 등 부동산으로 구성되어 있다. 순재산 규모로는 상위 0.5%에 해당하지만 지금도 재개발 지역 조합아파트에 참여해 자금이 소요되고 있다. 문제는 부인과 계속 불화가 생기는 것인데, 건축 분담금이나 대출이자 등으로 현금이 부족해 몇 년째 생활비를 제대로 주지 않기 때문이라고 한다. 재산을 불리는 즐거움은 있겠지만 생활비 부족 등으로 가족 간의 불화를 해결하지 못한 채 재산만 잔뜩 모아서 어떤 의미를 찾고자 하는지 의문이 든다.

우리나라 노후생활자들은 보유자산이 적어 노인빈곤율 1위가 된 것이 아니라 생활 자금 조달, 즉 현금흐름이 제대로 되지 않아 빈곤하게 산다고 한다. 필요할 때 사용하지 못하는 자산은 내 자산이라고 할 수 없다. 단지 그 재산의 관리인일 뿐이다. 2023년 통계청 자료를 보면, 우리나라 50대 이상의 가구당 평균 자산규모는 5억 5,300만 원에 이르지만 이 중 생활비로 쓸 수 있는 금융자산은 1억 원이 채 되지 않는다고 한다. 평균의 함정은 있지만 유형자산의 본질적 가치는 현금 등 다른 자산으로 교환하거나 수익을 창출할 수 있는 가치 그리고 사용가치로 구분해 생각해 볼 수 있다.

노후를 위한 별다른 경제적 준비가 되어 있지 않다면 자산을 소득흐름, 즉 연금으로 바꾸는 것이야말로 자산을 활용해 가치를 높이는 가장 확실한 방법이다. 정부는 노후생활자의 생활비 조달을 지원하려고 주택연금(역모기지) 제도를 시행하지만 집을 담보로 빚을 내서 생활한다는 부담과 집 한 채는 가지고 있어야 한다는 내 집에 대한 오래된 애착이 주택연금 이용을 기피하게 만든다.

정부는 새로운 방안으로 부동산을 매각해 연금으로 만들어 쓸 경우 1억 원까지는 양도소득세를 면제해 주는 지원책을 도입하기로 했다. 자산은 필요할 때 활용해 사용가치를 높일 수 있어야 한다. 따라서 50대 이후에는 부동산 자산이나 기타 활용 가치가 떨어지는 투자자산은 매각해 연금화하는 것이 자산을 보유하는 만족감보다 훨씬 실용적이고 더 큰 수익가치를 창출해 내는 방법이 될 것이다.

정보 채널이 있어야
소외되지 않는다

　수십 년 동안 가까이 지내는 직장 상사이자 인생 선배인 박 대표님은 하루도 빠짐없이 신문을 스크랩해 카톡방에 올린다. 자산관리 고객으로 모셨던 조 대표님은 그림이나 역사 등 인문학 관련 자료를 끊임없이 공유해 주신다. 대부분 현직에 있을 때는 종이 신문도 2~3개씩 보고 각종 리포트도 수시로 접할 수 있어 세상 돌아가는 내용을 풍문이 아닌 분석자료를 바탕으로 살피지만, 퇴직하면 그 많은 자료를 쉽게 볼 수 없어 일일이 관심을 가지고 정보 쇼핑을 해야 그나마 상황을 파악할 수 있다.

　은퇴하면 많은 관계가 단절되고 소통이 줄어들며 세상 물정에 무뎌지게 된다. 그 결과 새로운 사람과 관계를 만들어 가는 데 자신감을 잃게 된다. 나이가 들수록 무겁게 다가오는 외로움과 고독의 늪에 빠져들지 않으려면 스스로 노력하고 부지런해져야 한다.

　은퇴 후 인간관계를 잘 해나가려면 밑천, 즉 이야깃거리가 필요한데 할 말이 없으니 '나 때', '옛날얘기', 군대 얘기' 등을 일삼게 되고 자극적인 제목으로 관심을 끌려고 부단히 애쓰는 유튜버들에게서 들은 검증되지 않은 '카더라 통신'에 빠지거나 전파자가 되기 일쑤다. 만나고 싶은 사람, 만나면 나눌 이야기가 건설적이고 생산적인 사람이 되어야 어딜 가든 꼰대 취급을 받지 않고 좋은 관계를 만들어 갈 수 있다.

　직장 선배 한 분은 취미 활동을 하면서 알게 된 분이 선배를 자주 만나고 싶어 하는데, 그분은 만날 때마다 그다지 듣고 싶지 않은 말만 늘어놓았다고 한다. 말을 줄이라고 눈치를 주기도 했지만 바뀌지 않아서 만나고 싶지 않지만 취미 활동을 같이 하느라 어쩔 수 없었다고 한다. 하지만 만나고 나서 돌아올 때마다 기분이 좋지 않아 결국 그분을 만나지 않으려고 취미 활동마저 하지 않게 되었다고 한다.

은퇴 후에 정보를 얻고 좋은 관계를 만들어 가려면 끊임없이 노력해야 한다. 한없이 늘어지고 귀찮아지기 쉬운 노년 생활에서 '부지런함'은 뇌의 노화를 늦추고 뒤떨어져 가는 사고를 젊게 해준다.

자산 포트폴리오를 노후생활에 맞게 조정해야 한다

보유재산이 많아 임대수익이나 연금 등 안정적 현금흐름을 확보한 경우가 아니라면 은퇴 시점에서는 현금자산의 비중을 높여 이를 연금 자원으로 활용할 수 있도록 해야 한다. 묶여 있는 자산은 현금이 필요할 때 높은 기회비용을 부담할 수 있고, 거래가 안 되어 이마저 녹록지 않은 상황이 생길 수 있다.

우리나라 가계의 재산 구조는 대부분 현금자산보다 부동산 자산이 월등히 많다. 부동산 자산의 경우 경제성장 과정에서 불패의 신화가 있었고 가격 상승 시 레버리지 효과를 기대할 수 있어 그야말로 한 방을 기대할 수 있었기 때문이다. 이러한 점에서 많은 사람에게 재테크 수단으로 부동산에 대한 애착은 아직도 크다. 특히 중년 이후의 연령대에서 부동산에 대한 관심이 더 많은데, 고성장기 부동산이 재산증식의 불문율로 작용했고 주거용 부동산이 대표적인 투자 수단으로 활용되면서 집값 상승에 따른 경험은 물론 집 없는 세입자의 삶이 고달팠기 때문이다.

2023년 통계청이 발표한 우리나라 가구의 재산 구조를 구체적으로 살펴보면, 우리나라 가구당 평균 재산 규모는 5억 5천만 원 수준이고 평균 9,200만 원 정도의 부채가 있으며 전체 자산 중 실물자산이 4억 3천만 원으로 78% 수준에 달한다. 은퇴를 앞둔 50대 이상의 경우 순자산 규모는 5억 원 정도이며, 이 중 전월세 보증금을 포함한 현금자산을 제외한 부동산 등의 비중은 75.6% 정도다. 따라서 은퇴기에 접어들면 자산을 단순화해 관리의 편의성을 도모하고 자산을 소득흐름으로 바꾸어 가용성을 높여나가야 한다.

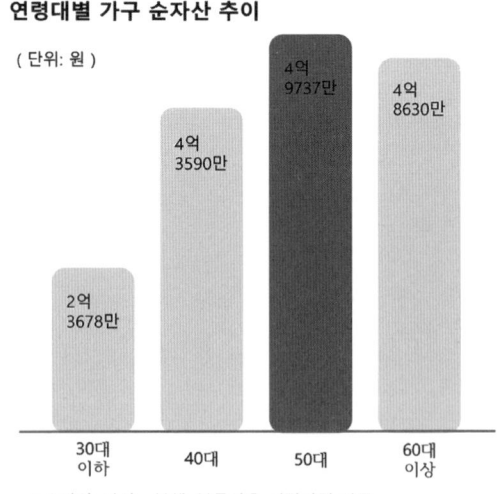

연령대별 가구 순자산 추이
(단위: 원)

* 순자산: 자산 - 부채, 부동산은 시장가격 기준

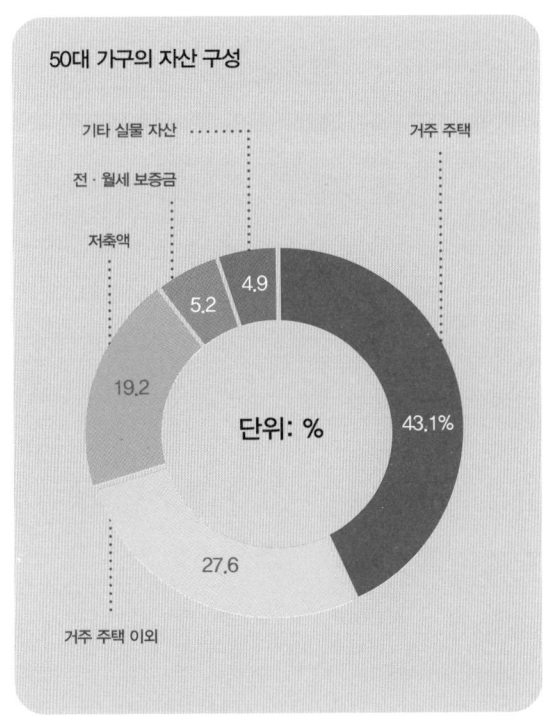

50대 가구의 평균 저축액
(전체 평균 8,548만 원)

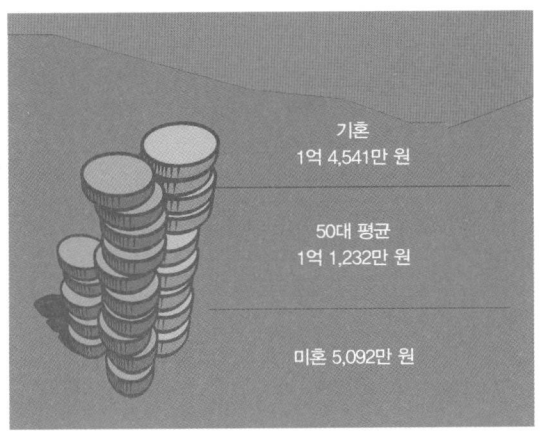

* 자료: 2023 통계청 가계금융복지조사

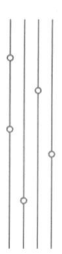 

행복한
노후를 위해 연금만큼
중요한 것들

조기증여를 통한 절세 등 이점만 생각하기보다는 자립을 위한 최소한의 지원 이외에 자녀가 자립 능력을 키우고 가족이 원만한 관계를 유지하도록 가능한 한 증여를 늦추는 것이 오히려 지혜로운 부의 세대 이전이 될 수 있다.

"집이 가난하면 효자가 나고 나라가 어지러우면 충신이 난다"라는 속담이 있다. 이는 가난한 집의 자녀들은 부모가 고생하는 것을 보고 자라기 때문에 효자가 된다는 것이다. 그러나 지금은 좋은 부모와 좋은 자녀, 곧 효자의 개념도 달라졌다고 할 수 있다. 시대에 맞는 개념으로 '좋은 부모'는 60세가 넘어 자립함으로써 자녀들에게 부담을 주지 않는 부모이고, '좋은 자녀', 곧 효자·효녀는 30세가 넘어 부모

에게 손 벌리지 않고 부모에게 경제적 부담을 주지 않는 자녀를 의미한다.

보험개발원에서 조사한 자료에 따르면, 우리나라의 경우 60세가 넘어서도 자식에게 생활비를 지원해 주는 부모의 비율이 60%나 된다고 한다. 반면 비교 시점은 다소 차이가 있지만, HSBC그룹의 조사자료에 따르면 일본의 경우 60세가 넘은 부모가 자식에게 생활비를 지원해 주는 비율이 17%, 홍콩은 20% 수준이라고 한다. 자식에 대한 과도한 집착이 오히려 자식들의 홀로서기를 방해하는 것일 수 있다.

부모 세대는 자신의 노후를 준비하기보다는 자녀들의 교육을 지원하려고 퇴직금마저 앞당기는 경우가 많고, 자녀 세대 또한 좋은 직장에 취업하기가 어려울뿐더러 자기 자식 교육에 자신의 노후를 준비하기도 어렵다. 이런 상황에서 부모의 생활비를 보태는 이중 살림을 해야 한다면 모두 어려워져 부부 싸움의 요인이 되는 것은 물론 부양해야 하는 자녀나 자녀를 도와야 하는 부모의 노후생활 모두 망칠 수 있다.

따라서 좋은 부모가 되려면 아직 소득이 있을 때 분명한 목표 의식을 가지고 노후 준비에 힘써야 하며, 자녀들은 경제적으로 확실히 독립하려고 노력해야 한다.

물려줄 재산은
증여 시기 선택이 중요하다

　증여는 가능한 한 빨리할수록 여러 면에서 유리한 것이 정설이다. 증여·상속세는 금액이 클수록 세율이 높아지므로 10년 단위로 나누어 증여하면 누진세 적용을 피할 수 있다. 증여한 자산의 가치 상승에 따른 자본이득이나 이자, 배당, 임대소득은 증여받은 자의 것이 되므로 절세나 부의 세대 이전에 효과적이며, 향후 가치가 많이 상승할 것으로 예상하는 부동산이나 주식 같은 자산은 빨리 증여할수록 유리하다는 것이 일반적인 견해다.

　그러나 조기증여가 이점만 있는 것은 아니다. 가족 간 소송이나 자녀의 태도 변화에 따른 증여 취소 등 가족관계 악화는 물론 수증자의 관리능력 부족, 삶의 목표 의식 약화 등의 원인이 되기도 한다. 오랜 기간 자산관리 상담·컨설팅 업무를 하면서 조기증여 후 몇 년이 지나기 전에 여러 가지 이유로 후회하는 부모를 적지 않게 보았다. 애써 모은 자산을 증여하고도 오히려 부모와 자녀 관계, 형제 관계가 악화된 것이다.

　성수동에 건물을 가지고 있던 박 회장님 부부는 조기증여의 장점을 활용하려고 임대수익률이 낮은 빌딩을 처분해 20대와 30대인 자녀에게 거액을 증여했다. 자녀들은 이 자산으로 부동산, 주식 등 자신이 잘 안다고 판단한 분야에 투자했으나 10년 정도 지난 시점에 큰아들은 원금을 거의 다 잃었고 작은아들은 증여받았을 때보다 자산을 어느 정도

늘렸다. 그런데 큰아들이 부모에게 손실분을 어느 정도 다시 채워달라고 요청하면서 형제간(며느리 간) 분쟁이 발생한 것은 물론 가족 간 신뢰에 금이 가고 말았다.

따라서 조기증여를 통한 절세 등 이점만 생각하기보다는 자립을 위한 최소한의 지원 이외에 자녀가 자립 능력을 키우고 가족이 원만한 관계를 유지하도록 가능한 한 증여를 늦추는 것이 오히려 지혜로운 부의 세대 이전이 될 수 있다.

부담스럽지 않은 친구나 친구 같은 이웃이 노후의 품위를 지켜준다

평사원으로 입사해 유명 백화점의 전문경영인이 된 박 대표님을 고객으로 모시고 자산관리와 은퇴 상담을 할 때 어떻게 해야 노후에 지혜롭게 살 수 있는지 이야기를 들을 기회가 있었다. 박 대표님은 10억대 연봉으로 고향에 좋은 일도 많이 해왔고 은퇴한 뒤 고향에 내려가 살 계획도 세웠다. 그런데 고향 친구들에게 몇 번 밥을 사면서 함께해 본 결과 고향으로 내려가 살려는 목표를 수정해야겠다고 판단했다.

이유인즉, 친하게만 느껴지고 좋게만 생각했던 친구들 중 일부가 생활 수준이나 환경이 다르다 보니 자격지심과 시기심 등으로 술만 먹으면 시비를 걸었다는 것이다. 문득 우리 민족이 기적은 이루었는데 기쁨은 잃어버렸고, 배고픔은 해결했는데 배 아픔은 해결하지 못했다는 말이 떠올랐다. 분위기 파악이 빠른 박 대표님은 노후생활은 생활수준이나 환경이 비슷한 사람들과 하라고 조언하셨다. 전적으로 공감하면서 많은 관계보다는 서로 삶을 알고 신뢰할 수 있는 몇몇 사람과 관계를 잘 만들어 가는 것이 노후를 외롭지 않고 품위 있게 사는 방법임을 생각하게 되었다.

또한 노후에는 돈 이야기를 자주 하는 친구나 연락이 없던 친구가 갑자기 가까이하려고 다가오면 반드시 피해야 한다는 것을 명심해야 한다.

국민연금은 고소득층과 저소득층 간의 소득재분배 효과는 물론 노후생활의 빈곤을 해결한다는 취지에서 참으로 좋은 사회보장제도임은 틀림이 없지만 당초 예상과는 달리 급격한 고령화와 저출산 지속으로 생산인구 감소라는 수급불균형의 암초와 함께 25년간 연금보험료 동결 등 제도개혁의 필요성에 대한 정부의 늦장 대응이 맞물리면서 국민연금의 지속적 유지 가능성에 대해 불안감을 키우고 있다. 정부와 국회 연금특위, 공론화 위원회 구성 운영 등 문제인식 가운데 국민연금의 지속성을 위해 다양한 논의가 지속되고 있고, 무엇보다 우리보다 앞서 공적연금을 도입한 연금선진국의 사례에서 볼 수 있듯 한번 시작한 공적연금은 결코 포기하거나 청산할 수 없는 것이 국민연금제도라는 점을 되새겨 볼 필요가 있다.

2장

국민연금 활용 극대화 전략

SUPER PENSION

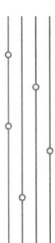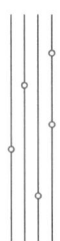

국민연금은
기피 대상이 아니라
활용 대상이다

정확하지 않은 정보나 분위기에 편승한 잘못된 선택, 즉 국민연금 가입 기피나 꼭 필요치 않은 조기 수령 신청 등은 앞으로 살아가야 할 수십 년 노후생활에 치명적 선택 오류를 가져올 수 있다.

대한민국에서 급여를 받는 회사원에게 국민연금 가입은 의무다. 피할 수 없으면 즐기라는 말처럼 어차피 가입해야 한다면 제대로 알고 잘 활용하는 것이 지혜로운 선택일 것이다. 이에 국민연금을 올바로 이해하고 활용 가치를 높이는 방안을 제시한다.

국민연금은 복지국가의 핵심 제도로 국민연금을 통한 노후생활 보장은 단연 최고의 가치를 부여할 수 있다. 국민연금 보험료는 소득수준에 근거해 가입자가 납입 보험료의 50%(4.5%)를 부담하고 사용자인

기업이 50%(4.5%)를 부담하는 구조다. 소득 대비 최고 상한액이 높은 건강보험료와 달리 국민연금 보험료는 최고 납부 상한액이 매년 조금씩 높아지고 있는데, 2024년의 경우 55만 5,300원으로 정해져 있어 소득이 아무리 많아도 그 이상 부과되지 않는다. 소득이 없는 사람도 임의가입자로 국민연금에 가입할 수 있으며, 가능한 한 모든 국민이 국민연금을 이용할 수 있도록 하고 있다.

퇴직해서 주된 소득이 단절되면 한 푼이라도 아쉽다 보니 국민연금은 무시할 수도 그렇다고 전적으로 의지할 수도 없는 소득원 중 하나이다. 이러한 국민연금을 바로 알고 활용 방안을 찾는다면 국민연금은 노후생활에 없어서는 안 될 동반자가 될 테고, 지켜야 할 자산으로서 노후생활 자금을 마련하는 중요한 수단이 될 수 있다.

그러나 지금은 여러 가지 이유를 들어 국민연금에 대한 불신이나 불안감을 높임으로써 임의가입자는 가입을 기피하고 가입자 가운데 중도해지 하는 경우가 많으며, 기존 가입자는 조기 수령 하는 것이 유리하다는 선동의 영향인지 불확실하나 필요한 상황이 아님에도 조기 연금 수령을 신청하는 사례가 증가하는 것을 자료에서 확인할 수 있다. 보험사나 금융사들이 연금보험이나 IRP 등을 유치하려고 국민연금의 한계성을 부각하고 마케팅에 활용하는 것도 1가지 이유일 수 있다.

금년 3월부터 국민연금을 수령하게 된 동업계 선배 부부를 만나 식사교제를 하며 노후생활 자금 조달방안에 대한 이야기를 나눈 적이 있다. 두 자녀 교육과 부모님 부양, 빚내서 산 아파트의 대출상환 등으로 이렇다 할 만한 노후 준비를 하지 못한 선배부부는 대출상환 후 남은 명퇴금 일부와 살고 있는 아파트가 노후 준비의 대부분이라고 하였다. 자녀들의 결혼자금 등을 고려하면 실제 노후 자금은 매월 180만 원 수준의 국민연금이 전부인 셈이다. 선배는 국민연금이 구세주라는 표현을 사용하면서 이럴 줄 알았으면 아내명으로도 국민연금 임의가입을 했어야 하는데 하지 않은 것이 크게 후회가 된다는 것이었다. 15여 년 전 아내명의 국민연금 임의가입을 고민한 적이 있었는데 국민연금이 불확실하다는 주변의 말을 듣고 세액공제도 받을 겸 아내명의보다는 선배명의로 연금저축을 매월 20만 원 가입했는데, 그것으로 연금을 받을 수 있는 금액이나 기간이 동일한 금액으로 아내명의 국민연금에 임의가입 했을 때 받을 수 있는 연금액과 비교했을 때 턱없이 적었기 때문이다. 그도 그럴 것이 선배가 가입한 연금저축으로 받을 수 있는 연금은 연금 수령 기간을 20년으로 했을 때 월 23만 원(납입기간 중 받은 세액공제분 별도)을 받을 수 있지만 아내명의 국민연금으로 가입했다면 매월 394천 원에 매년 물가상승률만큼 인상되는 것은 물론 살아생전 종신으로 받을 수 있기 때문에 과히 비교할 수 없는 수준이다.

물론 부부 중 한 사람이 조기사망을 한다면 결과는 조금 달라질 수 있지만 부부가 평균수명을 산다고 할 경우 과히 후회막급할 만한 선택이었다고 할 수 있다. 막연한 불안감과 확인하지 않고 쉽게 판단하고 결정한 순간의 선택이 커다란 결과의 차이를 가져온 사례라 할 수 있다.

국민연금은 행복한
노후생활에서 최후의 보루

　국민연금에 대한 불신이 문제가 되는 이유는 우리나라 국민연금제도가 연금선진국인 유럽이나 일본의 제도를 토대로 만들어졌기 때문이다. 정년이 65세 또는 70세인 연금선진국들은 40년 연금 납입이 가능할 수 있다. 하지만 우리나라는 정년을 60세로 계상하고 연금 납입기간을 40년으로 설정했지만 막상 60세까지 정년을 채우기도 힘들뿐더러 55세만 되면 대부분 활력을 잃거나 퇴직함으로써 당초 예상보다 납입기간은 짧아진 반면, 연금 수령 혜택을 받는 수급자들의 평균수명 증가 속도는 더 빨라지고 있다.

　그러나 국민연금은 국민의 노후 삶에 직접 영향을 미치는 영역으로 정년 연장이나 보험료 인상 등 적극적인 개선 방향이 모색되고 있고, 연금 고갈까지는 시간적 여유가 있어 문제의 해결은 어느 정도 이루어질 것으로 예상된다. 따라서 정확하지 않은 정보나 분위기에 편승한 잘못된 선택, 즉 국민연금 가입 기피나 꼭 필요치 않은 조기 수령 신청 등은 앞으로 살아가야 할 수십 년 노후생활에 치명적 선택 오류를 가져올 수 있다.

　참고로 현재 우리나라 65세 이상의 국민연금 수령자는 51.2%이고, 월 수급액은 평균 62만 원에 달한다. 금융기관의 은퇴연구소에서 은퇴 후 적정생활비 수준으로 제시한 금액 369만 원을 감안할 경우 약 17% 수준에 해당한다. 소득대체율이 17%로 낮게 나타나는 것은 현재 연금을 수령하고 있는 수급자들은 국민연금제도 시행 초기 가입자들이고 가입 기간이 짧아 지급되는 연금액이 적기 때문이다.

정부는 국민연금의 노후생활 자금 조달의 실효성을 높이고자 2가지 국민연금 개혁안을 바탕으로 정부와 시민이 함께 논의를 진행하고 있다. 정부는 국민연금 보험료율을 13%(현재 9% 대비 4% 인상, 직장인의 경우 가입자 부담 2% 증가)로 높이고, 소득대체율을 40%에서 42%로 늘리는 방안을 연금개혁안으로 하여 국회 의결을 요청한 상태이다. 보험료율은 연령대가 높을수록 더 가파르게 인상돼 세대별로 차등을 두며, 수명이나 가입자 수와 연계해 연금 수급액을 자동으로 조정하는 '자동조정장치' 도입도 검토하고 있으나 국회의 논의 결과를 지켜봐야 한다. 가장 현실적인 대안으로 부각되고 있는 방안은 정년 연장을 통해 연금 납입기간을 늘리고 연금 지급시기를 늦추는 것이다. 이를 위해 우선 정부는 의무 가입 기간을 현재 만 59세에서 만 64세로 늘리는 방안도 고려하고 있지만 실행시기는 사회적 합의가 선행되어야 할 문제라 할 수 있다.

국민연금의
기대치와 한계는
무엇인가

국민연금이라는 기본 연금을 바탕으로 개인연금에 가입해 연금소득을 필요생활비의 최소 70% 이상 확보해 갈 수 있도록 하는 전략은 불확실 시대에 안전한 노후 준비의 최고 대안이다.

국민연금은 국민의 경제적 노후생활을 지원하고자 만들어진 국가의 핵심 사회보장제도로 가입자는 생존 기간에 물가상승률을 반영해 종신토록 연금을 지급받을 수 있는 제도다. 2023년 말 기금 누적액은 1,036조 원으로 연금제도를 우리나라보다 먼저 도입한 일본의 공적연금(2,027조 원)과 노르웨이 국부펀드(2,008조 원)에 이어 세계에서 세 번째로 큰 규모로 성장했다. 하지만 국민연금의 소득대체율은 30% 수준으로 OECD 국가 중 낮은 수준에 머물고 있다.

'종신 지급 되는 국민연금을 끝까지 받을 수 있을까?' 하는 의문을 주는 것은 국민연금 보험료 부담은 지속적인 물가상승에도 불구하고 25년간 9%로 유지되는 반면 연금보험료를 내는 경제활동인구는 감소하고 있고 연금을 수령해야 하는 노령인구는 빠르게 증가하기 때문이다. 현재 상태로 유지된다면 단순 계산으로 2055년이면 기금이 고갈된다.

그럼에도 19세 이상 60세까지를 대상으로 한 노후 준비 수단에 대한 설문조사에서는 국민연금 가입이 필요하다는 응답이 87.7%나 된다는 점은 우려도 있지만 기대도 크다는 것을 보여주는 것이다.

국민연금에 대한 기대치를 알아두자

실용적인 면에서도 국민연금은 물가상승률을 반영해 종신 지급 되는 연금으로 가입자가 부담하는 납입액 대비 총수령 가능 예상액을 비교해 볼 때 저소득자나 40대 이상에서는 매우 유리한 구조의 연금임이 분명하다. 향후 연금개혁을 위해 연금보험료를 올린다고 해도 급여생활자들은 보험료 인상분의 절반만 부담하면 되고, 나머지는 사용자 측에서 부담하므로 연금보험료를 올려 연금지급을 보장받을 수 있다면 보험료 인상은 연금의 안정성 측면에서는 장기적으로 꼭 필요한 대안이 될 것이다.

전액 자기 자금으로 부담해야 하는 자영업자에게 연금보험료 인상은 부담으로 다가올 수 있지만 고액 소득자를 제외한 일반 자영업자들은 대부분 부과 대상 소득이 월소득 100만~200만 원 수준으로 적용되어 보험료가 부과된다. 이는 국민연금 가입자 평균 월소득보다 크게 낮은 수준이므로 보험료 부담이 상대적으로 적어 불리할 이유도 없다.

연금재정을 구성하는 큰 축의 하나인 연금수익률은 연금재정에 직접 영향을 미친다. 우리나라 국민연금의 운용수익률 규모는 세계 3위지만 10년 평균수익률이 5%대로 캐나다 연금(9.8%), 노르웨이 국부펀드(6.8%) 등에 비해 많이 부진했으나 최근의 운용 성과를 살펴보면 코로나19로 인한 글로벌 증시 하락분을 감안하더라도 5년 평균 7.43%의 양호한 수익률을 실현하고 있다. 우리나라 국민연금도 좀 더 발전된 운용 시스템을 구축해 캐나다 연금과 같이 글로벌시장에서 더 적극적으로 투자를 운용해 연금재정의 안정화에 기여해야 할 것이다.

또한 국민연금에 대한 정부 재정 투입은 공무원연금이나 군인연금 대비 아직 거의 이루어지지 않고 있으나 연금제도를 먼저 도입한 나라들의 사례를 살펴볼 때나 형평성을 고려할 때 연금 수급자 증가로 연금재정 악화 징후가 나타나면 재정투입은 불가피할 것으로 보인다. 또 연금 고갈까지는 30년 이상 남았으므로 얼마든지 사전에 제도를 개선해 대응해 나갈 수 있다는 점에서 현재 예상하는 2055년 연금자원 고갈에 대한 걱정은 불안감을 조성하는 것만큼 비관적이지만은 않다.

하지만 소득대체율이 40%도 채 되지 않는 국민연금 자체만으로는 노후 준비가 완성되지 않기 때문에 국민연금이라는 기본 연금을 바탕으로 개인연금에 가입해 연금소득을 필요생활비의 최소 70% 이상 확보해 갈 수 있도록 하는 전략은 불확실 시대에 안전한 노후 준비의 최고 대안이 될 것이다.

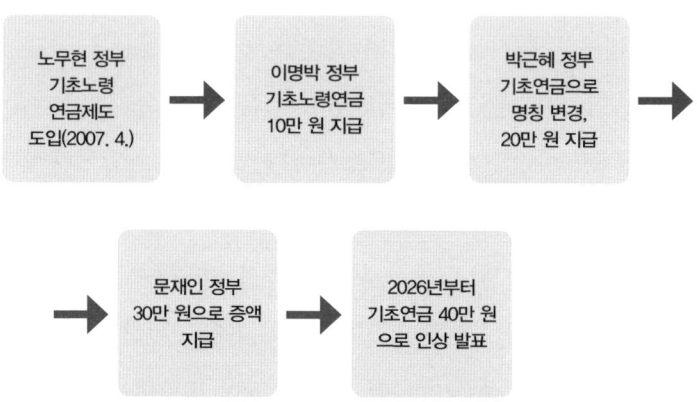

기초연금지급액 증액 과정

국민연금의 한계도 잘 알아두자

국민연금은 국가가 강제로 가입하도록 하는 사회보험이므로 기금이 고갈되어도 법적으로 명시되어 있지는 않지만, 국가로부터 지급을 보장받을 것이라고 기대하고 있다. 그러나 수급 구조가 일시적 문제가 아니라 저출산 고령화라는 구조적 문제가 있어 연금 지급을 보장한다고 하더라도 향후 보험료 증가와 더불어 수령 시기가 늦어지거나 지급액이 줄어드는 등 지급 조건은 다소 나빠질 개연성이 높다. 따라서 노후생활 자금이 아니라 노후 용돈으로 전락할 가능성에 대한 우려도 없는 것은 아니므로 더 늦기 전에 제도의 개선·보완이 필요하다.

연금제도를 국가적 차원에서 도입한 지 40년 가까이 되지만 우리나라는 연금제도 밖 인구, 즉 연금에 가입하지 않은 절대빈곤 노령인구가 많다. 따라서 이들에게 기초연금을 현재 지급액인 33만 5천 원(물가상승률 반영 인상분 포함)씩 지급을 한다고 해도 해마다 100조 원이 필요하며, 이는 결국 연금 가입자들이 연금보험료 외의 세금으로 부담해야 할 부분이다.

또한 국민연금 지급액과 가입 기간을 기준으로 국민연금 가입 여부와 관계없이 국가에서 지급하는 기초연금을 줄이는 제도, 즉 국민연금 연계감액제도 때문에 기초연금을 감액 없이 수령하려고 오히려 국민연금에 가입하지 않거나 불입을 중단하는 사례도 많다.

2023년 국민연금 평균 지급액은 61만 원인데, 이보다 연금을 적게 받는 사람들이 전체의 75%나 된다. 국민연금에 가입하지 않아도 받는 기초연금을 수령할 경우 2024년 기준 노인 1인당 33만 5천 원-2026년 저소득층부터 10만 원 인상 추진-을 부부가 함께 수령할 경우 53만 5천 원을 받을 수 있다. 따라서 국민연금을 받는다고 해서 기초연금을 받을 수 없게 된다거나 국민연금 수령액에 비례해서 기초연금을 감액 지급 받는다면 보험료를 10년 이상 부담하면서 국민연금에 가입할 필요가 없어진다.

기초연금을 감액 없이 받고자 하거나 건강보험 피보험자로 남으려 할 경우 국민연금을 많이 받으면 안 된다는 정보가 소셜네트워크서비스(SNS)를 타고 전파된 적이 있다. 이러한 이유로 한동안 소득이 없던 가정주부들이 자발적으로 가입하던 국민연금 임의가입자 숫자도 2023년에만 4만 명 이상 줄어 2년 연속 감소세를 보였는데, 이것이 곧 연금제도개선이 시급한 이유이기도 하다.

국민연금은 국민으로서 신고소득이 있으면 누구나 가입해야 하는 상품으로 가입 결정을 내가 아니라 국가가 한다. 20~30대의 경우 국민연금 가입 후 수령까지 많은 변화가 예상되고 소득재분배 효과로 소득이 높으면 다소 불리한 측면이 있으나 소득이 높지 않다면 국민연금이 가성비 높은 연금 상품이라는 점은 분명하다.

국민연금 못 받을 걱정, 베이비붐 세대는 안 해도 된다

국가가 기금운용 능력을 키워나갈 수 있는 독립적 기금운용 시스템을 구축해 나간다면 운용 건실화와 운용수익률 제고로 연금 가입자나 정부의 부담을 줄이고 연금재정의 안정화에 크게 기여할 것이다.

현재의 국민연금재정과 수급액을 감안해 계산했을 때 우리나라 국민연금은 30여 년 후인 2055년에 고갈되는 것으로 계산된다. 그러나 향후 30년이라는 기간에 아무런 조치를 하지 않았을 때의 결과이고, 연금제도 개혁을 통해 해 연금재정을 건전화하는 것은 물론 공적연금 도입을 먼저 한 국가들의 사례를 감안할 때 우리나라도 일정 시점에서는 국가재정을 투입할 수밖에 없을 것으로 판단된다는 점에서 연금 수령액의 일부 조정은 있을 수 있으나, 현재 은퇴의 주류를 이루는 1, 2

차 베이비붐 세대가 재원 고갈로 연금을 받지 못할 가능성은 없을 것이다.

우리가 국민연금에
꼭 가입해야 하는 이유

첫째, 우리나라 국민연금은 현재 재정적으로 가장 건전한 상태다.

재정적인 면에서 아직 국민연금이 OECD 국가 중 가장 튼튼한 공적연금이라는 것은 틀림없는 사실이다. 지금은 대체소득률이 높지 않지만 연금재정이 바닥난 유럽 등 서구 여러 나라보다 재정적으로는 가장 건전한 상태다. 유럽 주요국의 경우 연금재정이 바닥이 나거나 얼마 남지 않아 거액의 국가재정을 투입하며 연금제도를 유지해 나가고 있기 때문에 연금재정이 국가 경제에 큰 부담으로 작용하고 있다.

우리나라의 경우 연금보험료가 9%이지만 OECD 평균은 18%로 연금선진국 대비 가장 낮으며, 직장인의 경우 4.5%만 부담하면 되는 것은 물론 아직 국가재정에서 국민연금을 지원하는 부담을 주지 않고 있다. 연금가입자들의 본격적인 은퇴로 말미암아 연금 지출액이 늘어남으로써 향후 연금재정은 과거와 달리 악화될 것이 명확하지만 이러한 문제를 인식하여 제도개선과 함께 납입기간 연장효과를 기대할 수 있는 정년연장과 더불어 연금재정을 건전화하기 위한 연금보험료 인상 여력이나 국가재정 투입이라는 카드를 쓸 여지가 많이 남아 있다는 의

미다.

둘째, 연금보험료 대비 높은 운용수익을 확보해 나가고 있다.

연금기금 운용수익률 수준이 운용을 잘하는 일부 국가의 운용수익률 대비 낮은 것은 사실이지만 지속적으로 좋아지고 있다. 연금제도 도입 후 2000년까지는 안전자산에만 투자함으로써 수익성이 높은 투자시장에서 수익을 창출할 기회를 놓쳤지만 이후 제도개선으로 주식이나 펀드 등 투자자산에 대한 투자 비중을 늘려나감으로써 투자수익 또한 크게 높아졌다.

국민연금기금의 구성 내용을 살펴보면 2023년 말 기준 전체 국민연금기금 조성액 1,375조 2천억 원 중 연금 가입자가 납부한 보험료는 797조 2천억 원, 기금운용수익금은 578조 원이다. 이 중 연금지급액 327조 6천억 원, 관리운영비 11조 8천억 원을 차감하면 1,035조 8천억 원을 계속 운용할 수 있다. 기금 잔액의 55.8%를 운용수익으로 확보한 것은 기금이 바닥나 운용할 수 있는 자금이 없는 OECD 주요국과는 사뭇 다른 경쟁력을 가지고 있다는 것을 보여준다. 물론 운용담당자들이 운용을 잘했다고 하기보다는 거액이 해마다 유입되고 기본 자금 규모가 가지는 이점의 선순환이 수익 창출의 기반이 된 것도 사실이다.

그러나 연금제도 도입 이후 글로벌 주요 시장에 적극적으로 투자하는 비중이 높아지면서 운용수익률이 계속 높아지고 있다는 것도 우리나라 국민연금이 아직은 희망이 있음을 보여주는 것이다. 운용관리를 책임지는 국가가 연금기금을 정부 돈처럼 경기부양 용도로 사용하거나 포퓰리즘 용도로 낭비하지 않는 정책을 펴고, 기금운용 능력을 키워나갈 수 있는 독립적 기금운용 시스템을 구축해 나간다면 운용 건실화와 운용수익률 제고로 연금 가입자나 정부의 부담을 줄이고 연금재정의 안정화에 크게 기여할 것이다.

국민연금의 가치를 잊으면 안 된다

셋째, 기금이 소진된다고 하더라도 연금제도는 사라지지 않는다.

연금제도는 복지국가를 지향한다는 목표로 만들어졌으므로 기금이 소진된다고 하더라도 제도는 폐지할 수 없다. 이는 먼저 연금제도를 도입·운영하는 서구사회에서도 확인할 수 있다. 연금기금을 조성해 공적연금제도를 운영하는 나라는 몇 곳 되지 않는데, 관련 논문에 따르면 대부분 나라는 연금기금을 가지고 있지 않으며 적립기금 없이 매해 보험료 수입으로 연금급여를 충당하는 방식인 부과식 또는 5% 내의 완충펀드(연금을 지급하고 남은 적립금으로 펀드를 조성해 운용하면서 연금 부족 시 활용하는 자산)를 보유하고 있을 뿐이다.

기금이 고갈되어 공적연금을 민영화함으로써 연금제도 운용에 실패한 칠레나 남미 여러 나라는 있지만 기금이 고갈되었다고 공적연금을 파산시킨 나라는 아직 없다. 연금제도를 개혁하지 않고 그대로 두면 연금기금이 2055년에 고갈되어 사라지고 경제활동인구가 직접 연금을 부담하는 부과식 연금으로 전환하면 이후 세대는 소득의 30% 정도를 보험료로 내야 한다는 예측이 있지만 정상적인 정부에서 아무 대책 없이 방치할 수 없다는 것이 전문가들의 견해다.

넷째, 연금기금 재정 안정화 정책 도입을 기대할 수 있다.

연금학자들은 연금보험료를 현재의 9%에서 13%로 4% 인상하고, 적극적인 투자·운용으로 운용수익률을 높이며, 아직 투입하지 않은 정부재정을 문제가 더 커지기 전에 GDP의 1%를 투입한다면 연금재정은 훨씬 건전해지고 다음 세대의 부담을 덜어줄 것으로 전망한다. 연금기금의 조기 고갈을 초래한다면 국내 경제와 증시에 주는 부담도 매우 커진다. 투자하고 있는 주식이나 채권을 매도해야 연금을 지급할 수 있기 때문이다.

1,035조 원 중 50% 정도를 국내 증시에 투자한다는 것을 감안하면 국내 증시에서 연기금 투자액이 줄어드는 것은 엄청난 악재가 될 수 있다. 따라서 모든 경제적 환경과 노후의 삶을 지원하는 정책의 중심에 연금기금의 안정화가 자리 잡고 있어 제도를 견실하게 하려는 개선은 불가피하다.

이처럼 연금기금의 내부를 들여다보면 개선·보완할 시급한 사항은 분명히 있지만, 연금이 30년 안에 고갈될 거라는 공포를 조성하거나 국민연금은 밑 빠진 독에 물 붓기로 가능한 한 가입하지 않거나 조기 수령 하거나 보험료를 적게 내는 방법을 찾아야 한다며 불신을 조장하는 것은 적절치 않다. 오히려 스스로 노후 준비를 위해 적극적인 활용 방안을 찾아나가는 것이 지혜로운 방법이 될 것이다.

그럼에도
국민연금은
노후 핵심소득원이다

현재 국민연금은 그 어떤 연금보다 가성비가 높은 지급 조건을 가지고 있고, 연금제도의 개혁으로 연금 지급 조건은 변동될 수 있지만 1, 2차 베이비 부머들에게 국민연금만큼 좋은 연금은 없다

우리나라는 국민연금 가입 기회가 없던 현세대 노인이나 소득 활동을 하지 못해 노인빈곤을 겪고 있는 소득하위 70%의 65세 이상 노인을 대상으로 기초연금을 지급하고 있으나, 국민연금을 일정액 이상 수령하는 경우 기초연금을 감액해 지급하는 연계감액 제도로 형평성 문제와 함께 국민연금 임의가입을 기피하는 경우가 늘고 있다. 그럼에도 국민연금에 가입하고 활용해야 하는 것은 국민연금이 그 어떤 연금보다 가성비가 높은 지급 조건을 가지고 있고, 연금제도의 개혁으로 연

금 지급 조건은 변동될 수 있지만 향후 10년 내 은퇴세대나 소득이 높지 않은 국민에게 국민연금만큼 좋은 연금은 없기 때문이다.

국민연금 수령이
기초연금에 미치는 영향

기초연금은 만 65세 이상 국민에게 본인과 배우자의 소득액이 정해진 금액(보건복지부 장관이 해마다 결정·고시하는 금액) 이하인 자로 2024년 기준 단독가구의 경우 213만 원, 부부가구의 경우 340만 8천 원 이하이면 받을 수 있으며 자녀의 소득 과다 여부에는 영향을 받지 않는다. 지급액은 단독인 경우 월 33만 4천 원, 부부인 경우 최대 53만 3천 원을 받을 수 있으며, 소득 하위 70%가 연금을 받고 있다.

국민연금을 받는 경우 기초연금을 중복 수령할 수 있는데, 그 조건은 국민연금 수령액이 기초연금(월 33만 4천 원)의 150%를 초과하는 금액 이상이면 기초연금을 전액 받지 못하고 최대 50%까지 국민연금 수령액에 연계해 감액 지급 된다. 국민연금과 기초연금은 지급 재원이 서로 다름에도 국민연금을 받는다는 이유로 기초연금을 연계해 감액하는 것은 국민연금 보험료를 성실하게 납부한 가입자가 역차별을 받는 격이 되므로 연계감액제도 폐지를 검토해야 한다.

국민연금 수령액 대비 기초연금 감액 수준 예시
(가입 기간과 시기, 납입금액에 따라 다름)

국민연금 수령액	500,000원	700,000원	900,000원	1,000,000원
기초연금 수령액	500,000원	635,000원	810,000원	903,000원
감액되는 금액	0원	▲65,000원	▲90,000원	▲97,000원

* 국민연금 가입 기간이 12년 이상이면 매년 1만 원씩 감액 금액이 증가됨

기초연금 지급대상 기준인 소득환산액 계산 시 필요 비용을 공제해 주는 다른 소득과 달리 국민연금은 100% 소득으로 인정되어 소득액이 높아짐으로써 기초연금 대상에서 탈락할 가능성도 커지는 불합리한 구조로 되어 있을 뿐 아니라 민원이 지속적으로 제기됨에 따라 제도개선 가능성이 커지고 있다.

국민연금은 연금 상품 중 가성비가 높은 상품

국민연금은 가입연령에 따라 차이는 있지만, 가입자가 납부하는 보험료의 동일 금액과 지급 조건으로 연금을 설계해 보면 국민연금에 견줄 만한 사적연금이 없음을 알 수 있다. 국민연금은 납부액의 50%를

기업이 부담해 주기 때문에 회사원의 경우 전체 납입액 중 50%는 내가 아니라 기업이 부담한 것이다. 내가 실제로 낸 보험료 대비 수령 연금은 납입액을 전액 부담해야 하는 사적연금보다 유리할 수밖에 없는 구조다.

국민연금 미가입자에게 가입을 지원하는 임의가입제도는 물론 휴직, 퇴직으로 미납이 발생한 경우 추가로 납입할 수 있는 추가납입제도, 크레딧제도, 출산이나 군복무 시 가입 기간 인정제도, 60세까지가 의무가입 기간이지만 그 이후에도 연금을 더 많이 수령할 수 있도록 65세까지 계속 불입할 수 있도록 하는 임의계속 납입제도 등 국민연금의 활용도를 높일 수 있는 여러 제도를 시행하고 있다.

가입 기간이 길어질수록 연금계산에서 수령액이 높아지는 구조인 국민연금은 가입 기간을 최대한 장기로 하는 것이 유리하며 임의가입자는 최소납입액이 아니라 연금저축을 가입한다는 마음으로 그 이상 가입할 경우 투자 가성비가 높다는 점을 활용해야 한다.

국민연금이 지급되지 않을 정도로 정부 재정이 악화되고 신뢰도가 떨어지면 다른 금융자산이 있다고 하더라도 국가 신뢰도 하락에 따른 통화가치 하락 등으로 큰 의미가 없게 된다는 점에서 국민연금에 가입하고 잘 지켜나가도록 하는 것이 더 바람직한 선택이 될 것이다.

국민연금
조기 수령의
장단점은 무엇인가

조기 연금 수령은 오래 살게 될 위험에 노출된 상황에서 잘못된 선택을 함으로써 기나긴 노년 생활에 오랜 기간 영향을 미치는 악수가 될 수 있다.

국민연금 중 노령연금 수령 시기는 1953~1956년에 태어난 사람은 61세, 1957~1960년에 태어난 사람은 62세, 1961~1964년에 태어난 사람은 63세, 1965~1968년에 태어난 사람은 64세, 1969년 이후에 태어난 사람은 65세부터 수령할 수 있다. 하지만 반드시 정해진 시기에 노령연금을 받아야 하는 건 아니며, 필요에 따라 애초 정해진 지급 연령보다 최대 5년까지 앞당겨 받을 수 있다.

1964년생이 조기 연금 신청을 할 경우 연금지급률(예시)

청구 당시 연령	만 58세	만 59세	만 60세	만 61세	만 62세
지급률	70%	76%	82%	88%	94%

조기 수령 시 정상 수령액 대비 적게 받게 되는 금액 단순 비교(예시)
(단위: 천 원)

구 분	월 수령액	연금 수령 기간별 총연금 수령액			정상 수령액 대비(2020년 기준)
		5년	10년	20년	
정상 수령액	1,000	60,000	120,000	240,000	–
D-1년	940	56,400	112,800	225,600	-14,400
D-2년	880	52,800	105,600	211,200	-28,800
D-3년	820	49,200	98,400	196,800	-43,200
D-4년	760	45,600	91,200	182,400	-57,600
D-5년	700	42,000	84,000	168,000	-72,000

연금 앞당겨 받기가 좋은 점은 퇴직 후 소득 공백 발생에 따른 생계비 마련에 도움을 받을 수 있고, 건강보험 피부양자 자격이 정하고 있는 소득금액 조건을 맞추려는 경우로서 자녀나 배우자에게 건강보험 피부양자로 되어 있는 경우, 연금소득 금액을 낮추어 피부양자 자격을 유지할 목적이 있으면 일시적으로 남아 국민연금 조기 수령이 유리한 선택이 될 수 있다.

이는 건강보험 피부양자 자격산정 시 국민연금 수령액이 100% 소득금액에 반영되므로 조기 수령이 소득금액을 줄이는 효과가 있지만 국민연금은 매년 물가상승율만큼 인상되어 지급되기 때문에 일정 기간이 경과하면 조기수령 효과는 없어지기 때문이다. 건강보험 피부양자 자격 조건은 재산이 과세표준 기준 5억 4천만 원 미만인 경우 연간 이자·배당·사업·기타 연금(공적연금 포함, 사적연금 미포함)소득이 2천만 원 이하, 재산이 과표기준 5억 4천만 원 이상 9억 원 이하인 경우 연간 소득이 1천만 원 이하일 때 받을 수 있다.

국민연금 조기 수령 시
오래 사는 위험에 노출될 수 있다

직장을 퇴직한 김 부장 부부의 예를 들어본다. 보유재산으로 재산세 과세표준 5억 원인 거주 주택이 있고, 금융기관에 2억 원 정도 금융자산이 있는 상태로 현재는 별다른 소득이 없으므로 직장생활을 하는 자녀의 피부양자로 건강보험이 가입되어 있어 건강보험료를 따로 부담하지 않고 있다.

그러나 3년 후부터 국민연금(예상 수령액 월 120만 원)을 수령하면 국민연금 연간수령액 1,440만 원과 이자 및 배당소득 700만 원(정기예금 이자율 3.5% 적용)을 합해 2,140만 원 정도의 소득이 발생해 건강보험 피부양자 자격을 잃고 지역가입자로 전환되어 건강보험료를 부담하게 된다.

이에 김 부장 부부는 국민연금 수령액을 줄여 건강보험 피부양자 자격요건에 해당하는 소득 기준을 맞추려고 매월 120만 원씩 받을 수 있는 국민연금을 3년 앞당겨 올해부터 매월 98만 4천 원을 받는 조기 연금 지급 신청을 함으로써 국민연금 소득액을 연 1,200만 원 이하로 낮추기로 했다. 이에 국민연금 소득 1,180만 원과 금융소득 700만 원을 합한 금액이 2천만 원을 초과하지 않게 해서 건강보험 피부양자 자격을 계속 유지하도록 조기 연금을 신청했다.

하지만 이처럼 국민연금 조기 수령에 따른 피부양자 자격 유지는 매년 물가상승률을 반영하여 인상되는 국민연금액의 수령액 증가로 연간 수령액 1,200만 원을 넘어섬으로써 피부양 자격을 지속적으로 유지할 수 없게 됨을 사전에 고려해야 한다.

현재 조기 연금을 받는 연금 가입자는 2023년 11월 기준 85만 명 수준이다. 조기 수령을 신청한 대표적 이유로 소득 공백에 따른 생계비 마련 외에 오래 살지 못할 것 같다거나 연금 고갈에 대한 불안, 젊을 때 받아서 쓰기 위해 등의 이유로 미리 받기를 신청했다고 연금공단은 밝혔다.

그중 오래 살지 못할 것 같다거나 연금 고갈에 대한 불안으로 조기 수령을 신청했다는 것은 상황판단에 심각한 오류가 있다고 본다. 생물학적 수명은 자기 의사와 관계없이 늘어나고 있고 평균수명이 빠르게 증가해 머지않아 100세를 바라보는 시점에서 조기사망 우려로 조기 수령을 신청해 감액연금을 받는 것은 특별한 상황이 아니라면 섣부른 결정이 될 수 있다.

아울러 연금 고갈에 대한 불안 문제도 앞에서 설명했듯 연금재정의 건전성이나 제도의 보완, 정년 연장추진, 재정투입 여력 등의 상황을 종합적으로 고려할 때 현재 시점에서는 적절치 않은 판단이다.

특별한 소득 없이 지내는 노년은 한 푼이 아쉬운데 수도꼭지처럼 열어놓고 잠그지 않으면 끊이지 않고 나올 수 있는 연금 수령 조건을 악화하는 조기 연금 수령은 퇴직 후 소득이 단절되어 생계비를 마련해야 하는 경우가 아니라면 조기 연금을 신청해 미리 받는 것은 오래 살게 될 위험에 노출된 상황에서 잘못된 선택을 함으로써 기나긴 노년 생활에 오랜 기간 영향을 미치는 악수가 될 수 있다.

국민연금 나중에 받기의 장단점은 무엇인가

기초연금 수급 자격이 있는 경우 연기연금은 기초연금의 감액 또는 기초연금 수급 자격 상실을 가져올 수 있으므로 이 점을 고려해 연기연금 신청을 결정해야 한다.

연금을 정해진 수령 시기보다 최대 5년까지 앞당겨 받을 수도 있지만 반대로 정상수령 시기보다 최대 5년까지 연금 수령 시기를 미룰 수 있다. 5년 앞당기면 정상 지급액의 30%를 감액하고 받게 되지만 5년 연기해 수령하면 36%를 정상 지급액에 가산해 준다.

수령 가능 금액의 전부 또는 일부를 선택해 연기할 수 있으며, 연기를 신청할 경우 연기 기간이 1년이면 7.2%, 2년이면 14.4%, 3년이면 21.6%, 4년이면 28.8%, 5년 후에는 36%를 더 수령할 수 있게 된다. 연기연금으로 정상 연금지급 시기보다 늦게 받는 연금을 선택하면 더 높은 가산율을 적용함으로써 유리한 연금지급률을 적용받을 수 있도록 하므로 연금 수령액을 높이고자 하는 경우 적극 활용할 가치가 있다.

연기연금은 연금 수령이 시작되는 시기에 사업소득이나 근로소득이 있어 연금 감액 사유인 299만 원(A값, 2024년 기준 전체 가입자의 3년 평균 소득월액의 평균값) 이상의 과세대상 근로소득이나 사업소득이 있는 경우 연기연금을 신청하는 것이 유리한지 계산해 보고 선택해야 하며, 가족 내력이 장수 유전자를 가지고 있거나 건강관리 등으로 장수 가능성이 크다고 판단될 때 연기연금은 더 큰 효과를 기대할 수 있다.

평소 알고 지내던 장지훈 님(가명, 만 61세)은 퇴직 후 전공을 살려 후배가 운영하는 회사에 재취업하게 되었고, 여건만 허락된다면 65세 이후까지 직장생활을 할 계획이다. 장지훈 님은 2년 후부터 국민연금을 수령할 자격이 부여되는데 현재 예상 연금액을 조회해 보니 월 150만 원 정도를 수령할 수 있다.

장지훈 님은 월평균 500만 원의 급여소득이 있어 2년 후(63세) 국민연금을 수령하게 될 경우 근로소득공제를 차감한 급여소득이 A값(현재 29만 9만 원)을 94만 원 초과하므로 초과소득월액의 5%에 해당하는 4만 7천 원이 차감된 145만 3천 원을 받을 수 있다. 그러나 장지훈 님은 퇴직하게 되면 다른 소득이 없으므로 국민연금을 더 많이 받기 위해 국민연금 수령 시기를 2년 연기해 65세부터 받기로 했다.

연금 수령액을
높이고자 하는 경우에 유리

장지훈 님은 국민연금을 정상 지급받을 경우 63세부터 월 150만 원씩 수령할 수 있었으나 2년 연기해 14.4% 증가한 171만 6천 원(당초 대비 월 21만 6천 원, 연금인상률 미반영)을 수령하게 된다.

장지훈 님은 연기로 2년 동안 받지 않은 국민연금(단순 계산 2,400만 원)을 매월 21만 3천 원 더 받는 연금액으로 환산했을 때 연금 수령 시부터 9년 정도 지나면 2년 동안 받지 않은 2,400만 원의 손익분기점에 도달하게 된다. 이후 정상 지급보다 매월 21만 3천 원(연금인상률 반영 시 금액이 더 커짐)을 더 수령하게 되므로 결과적으로 90세까지 연금을 수령한다고 가정할 경우 연금 수령 시기를 2년 연장한 효과가 현재가치로 4,600만 원 정도 연금을 더 수령하게 된다.

그러나 근로소득이나 사업소득이 있어 연기연금을 신청하는 경우가 아니라면 정상 지급 시기에 연금을 수령하는 것이 불확실을 고려한 선택이라고 할 수 있다.

연기연금 신청을 고려할 때 유의해야 할 사항이 있다. 기초연금 수급 자격이 있는 경우 연기연금은 소득 기준액 산정에 마이너스 요인으로 작용해 기초연금의 감액 또는 기초연금 수급 자격 상실을 가져올 수 있으므로 이 점을 고려해 연기연금 신청을 결정해야 한다는 것이다.

● 사업소득이나 근로소득이 있는 경우 국민연금 감액 기준

A값 초과소득월액	노령연금 지급 감액분	월 감액금액	근로소득만 있는 경우 근로소득공제 전 기준 금액(12개월 종사 기준)	
			총급여	월급여
100만 원 미만	초과소득월액의 5%	5만 원 미만	48,021,941원 초과	4,001,828원 초과
100만 원 이상 200만 원 미만	5만 원+ (100만 원을 초과한 소득월액의 15%)	5~15만 원 미만	60,653,520원 이상	5,054,460원 이상
200만 원 이상 300만 원 미만	15만 원+ (200만 원을 초과한 소득월액의 15%)	15~30만 원 미만	73,285,099원 이상	6,107,091원 이상
300만 원 이상 400만 원 미만	30만 원+ (300만 원을 초과한 소득월액의 20%)	30~50만 원 미만	85,916,678원 이상	7,159,723원 이상
400만 원 이상	50만 원+ (400만 원을 초과한 소득월액의 25%)	50만 원 이상	98,548,257원 이상	8,212,354원 이상
소득구간별 감액기준 (2015. 7. 29. 이후 수급권 취득자)			감액한도: 노령연금의 1/2	
소득구간별 감액기준 (2015. 7. 29. 전 수급권 취득자)			지급개시 연령부터 1년마다 감액률 차등 적용(50~10%)	

* A값은 최근 3년간 매년 말 전체 가입자의 평균 소득월액을 평균한 값

[소득이 있는 업무의 월평균 소득금액 산출식]

월평균소득금액: 근로소득금액+사업소득금액÷종사 개월 수
근로소득금액 = 총급여－근로소득공제액
사업소득금액 = 총수입액－필요경비
※ 종사 개월 수는 해당연도 1월부터 12월까지 기간 중 소득 활동에 종사한 기간

 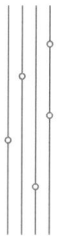

국민연금을
더 받는
방법이 있다

국민연금은 내가 납부한 돈보다 수령하는 금액이 훨씬 더 커서 연금 상품 중 가성비가 가장 큰 상품이므로 제도가 허용하는 범위 안에서 최대한 활용 가치를 높여나가야 한다.

현재 국민연금을 받고 있는 수혜자를 대상으로 한 만족도 조사에서 나타난 것 중 하나는 이렇게 좋을 줄 알았으면 더 받을 수 있도록 더 빨리 가입하고, 더 길게 보험료를 납입했을 것이라는 점이다. 국민연금 도입 초기 가입유예 기간이 있어 많은 사람이 미래에 대한 불확실을 이유로 가입을 기피하거나 최소한으로 가입했기 때문이다.

국민연금은 연금 수령액을 늘릴 수 있는 다양한 제도를 시행하고 있다. 막연한 불확실에 근거하기보다는 현재 활용 가능한 옵션을 신중히 살펴보고 각자 상황에서 국민연금 수령액을 높일 방법을 찾아 종신 지급과 물가상승률을 반영하는 국민연금 지급의 강점을 최대한 활용해야 한다.

추가납입제도를 활용하는 방법

결혼 후 두 자녀를 낳아 키우고 있는 최미선 씨(가명, 45세)는 결혼 전 10여 년간 다닌 직장에서 가입했던 국민연금이 아직 살아 있는지 궁금했다. 퇴직 이후 더 납입한 사실이 없으며, 아이들 양육에 집중하기 위해 앞으로 직장생활을 다시 할 계획도 없다.

그러나 다가오는 남편의 은퇴를 생각하다 자신이 가입했던 국민연금이 궁금해져 상담한 결과 납입 기간이 10년이 조금 넘었으며 자녀 2명 출산 기간을 국민연금 가입 기간으로 인정(2008년 이후 출생자부터)해준다는 것, 기존에 가입한 국민연금을 65세에 받을 경우 추가로 납부한 후 출산 기간 인정(자녀 1인당 6개월, 총 1년) 등을 반영하면 추가납입 한 원금을 고려해도 연금이 훨씬 많아짐을 알고 1,500만 원에 상당하는 연금보험료를 추가납부 하기로 했고, 남은 기간에도 임의가입자로 연금보험료를 계속 납부하기로 했다.

추가납입제도는 실직, 사업중단, 결혼, 휴직 등으로 보험료를 납부하지 못했거나 경력 단절로 국민연금 가입 기간 적용 제외 기간이 있는 경우 해당 기간의 보험료를 일시금 또는 분할 납부해 가입 기간을 인정해 주는 제도로 추가납입 가능 기간은 최대 10년까지다. 예를 들어 경력 단절 기간이 15년이라 하더라도 추가납입으로 인정받을 수 있는 가입 기간은 10년까지다.

국민연금 지급액 산정 구조를 살펴보면 연금액 계산에 가장 중요한 영향을 미치는 것이 가입 기간과 평균 소득의 규모다. 동일 납입조건에서 가입 기간이 길면 길수록 연금액이 많아지도록 설계되어 있는 것으로 연금보험료 납부 공백기가 있을 경우 연금을 더 받고 싶다면 추가납입제도를 적극 활용해 허용된 범위에서 가입 기간 인정을 최대한 받도록 해야 한다.

하지만 추가납입을 선택하기 전에 내가 납부할 보험료와 추후 더 받게 되는 연금을 국민연금공단 홈페이지 연금계산기로 따져본 후 추가납입 여부를 결정하는 것이 좋다. 국민연금은 종신 지급이 되는 연금이므로 생존 기간에 따라 유불리가 명확해지며 평균수명이 점점 더 빠르게 늘어나는 것을 고려하면 국민연금을 적극 활용하는 것이 현명한 선택이 될 수 있다.

임의가입 계속제도로
연금 가입 기간 연장 가능

연금 가입 가능 연령인 60세에 도달해 가입 자격을 상실했지만 연금지급 조건인 최소 가입 기간 10년을 채우지 못했다면 임의가입 계속제도를 활용해 최장 65세까지 5년간 연금 납입 기간을 연장할 수 있다. 가입 기간을 65세까지 늘린다 해도 전체 가입 기간이 10년이 되지 않는다면 연금으로 수령이 불가능해 본인이 납입한 보험료에 대해 원금과 이자로 일시금을 수령해야 한다. 하지만 임의가입 계속 가입을 신청해 최대 5년(65세)까지 가입 기간을 연장해 연금지급 조건을 맞추면 국민연금의 가장 큰 장점인 종신 연금 수령이 가능하다.

가입 기간이 10년 이상으로 연금 수령 자격 조건을 갖추었다 하더라도 연금을 더 키워서 받고 싶다면 연기연금을 신청(최장 65세까지)한 후 그 기간에 추가로 연금을 납입한다면 연기연금으로 인한 가산금 외에 가입 기간 증가에 따른 수령액 증가 효과를 활용할 수 있다. 더 벌 수 있을 때 연금을 수령하지 않고 오히려 추가납입 해 연금 수령액을 늘려나가는 전략이다.

추가납입 금액은 평균 납입액을 낮추지 않도록 하고 가능한 한 많이 내는 것이 유리하다. 직장이 있어 신고되는 소득이 있는 경우는 소득의 9%로 납부가 제한되지만, 소득이 없다면 평균 납입액을 국민연금공단에 조회해 보고 금액에 맞춰 납부하는 것도 좋은 방법이다. 이는 연금지급액 계산 시 가입 기간과 가입 기간 중 평균 납입액이 결정적 요인으로 작용하기 때문이다.

정리하면 국민연금은 내가 납부한 돈보다 수령하는 금액이 훨씬 더 커서 연금 상품 중 가성비가 가장 큰 상품이므로 제도가 허용하는 범위 안에서 최대한 활용 가치를 높여나가야 한다.

임의가입제도
이렇게 활용하자

국민연금은 국민으로서 18세 이상 60세까지 의무가입을 원칙으로 하지만 의무가입 대상에 해당하지 않는 경우가 있다. 소득이 없는 27세 미만 학생이거나 군인 그리고 전업주부가 여기에 해당한다. 의무가입 대상자가 아닐 경우 본인이 희망하면 국민연금 가입자가 될 수 있다.

평균연령 100세 시대를 살아가야 하는 상황에서 적게 내고 종신토록 받을 수 있는 국민연금보다 구조가 더 좋은 연금 상품은 없다. 연금 수급 조건이 악화되더라도 납입액보다 적게 받을 우려가 없다는 점에서 불확실에 대한 우려로 가입을 포기하기보다는 적극적으로 활용하는 것이 더 올바른 선택이라고 판단된다. 임의가입을 하기로 결정했다면 어떻게 하는 게 좋을까? 수령액을 높일 수 있도록 가능한 한 빨리 가입해 가입 기간을 늘리는 것이 중요한 전략이다.

예를 들어 45세인 주부가 20년간 매월 최저보험료인 9만 원을 납부할 경우 20년간 총불입액은 2,160만 원이고, 만 65세부터 연금을 수령할 때 현재 기준 매월 38만 9천 원을 받게 되며 기대수명인 90세까지 수령한다고 할 때 예상 총수령액은 1억 1,670만 원이다. 따라서 조기사망 등 다른 조건을 배제하면 그 어떤 사적연금 상품보다 월등한 조건의 연금을 받을 수 있다.

특히 연금보험료는 거의 오르지 않는 반면 연금 수령액은 해마다 물가상승률을 반영해 지급되며, 국민연금은 소득재분배 효과가 있어서 소득이 낮을수록 납부액 대비 연금 수령액이 높다는 점을 고려한다면 국민연금은 적극 활용할 가치가 매우 높다.

1가지 유의할 점이 있다. 국민연금을 받는 배우자가 사망해 유족연금(20년 이상 가입의 경우 기본 연금액의 60% 지급)을 받게 될 때 본인이 받는 연금보다 유족연금이 더 크면 본인이 가입한 연금은 포기하고 배우자 유족연금을 받든지 아니면 유족연금의 30%만 받고 자신의 노령연금을 100% 받든지 선택해야 한다. 만일 배우자의 유족연금이 본인의 연금액+유족연금액의 30%를 합한 금액보다 크다면 본인의 연금액을 포기하고 유족연금을 선택함으로써 자신이 임의가입 한 연금을 하나도 돌려받지 못하는 억울한 사례가 발생할 수 있다.

배우자가 일찍 사망해 내가 낸 연금이 무용지물이 될까 싶어 연금에 가입하지 않는 경우 평균수명이라는 일반적 상황이 아니라 조기사망이라는 예외적 상황에 해당하므로 확률이 낮은 것보다는 더 높은 평균을 선택하는 것이 좋을 것으로 판단된다.

최근 2년간 임의가입자가 줄어들고 있는 데는 국민연금에 가입하지 않아도 받을 수 있는 기초연금의 연계감액제도가 주요 요인으로 작용하는데, 이는 국민연금제도를 개혁해 기초연금과 국민연금을 각각 따로 지급하는 방안이 유력시되고 있음을 고려할 필요가 있다. 임의가입을 하면 보험료가 전체 개인 가입자의 중간값 소득을 기준으로 해서 계산된다. 현재는 월 100만 원이 개인 가입자의 중위소득이므로 보험료는 이 소득의 9%, 즉 9만 원이고 향후 연금제도가 개혁될 경우 보험료는 다소 증가할 전망이다.

결과적으로 기초연금 수령에 영향을 미치는 수준이라면 면밀히 살펴보고 선택해야 하겠지만 부부합산 소득이나 재산이 기초연금 수령에 영향을 미치지 않는 경우 임의가입 대상자는 국민연금에 가입되어 있지 않다면 국민연금에 가입하고 여력이 있을 때 사적연금 가입을 고려하는 것이 현명한 선택이다.

크레딧제도 대상이면 적극 활용하자

크레딧제도는 군복무, 출산, 실업이 발생했을 경우 국민연금 가입 기간을 추가로 인정하는 제도다. 군복무 크레딧은 2008년 1월 이후 입대해서 6개월 이상 병역의무를 이행한 사람을 대상으로 국민연금 가입 기간을 6개월 추가 인정 해주는 제도로, 현역복무뿐만 아니라 전환복무자, 상근예비역, 사회복무요원, 국제협력봉사요원, 공익근무요원도 혜택을 받을 수 있다. 다만, 군복무 일부 기간 또는 전 기간에 공무원연금법이나 군인연금법 등 다른 공적연금 기간에 산입된다면 국민연금 가입 기간이 인정되지 않는다.

출산 크레딧은 국민연금에 가입한 사람이 둘째 이상의 자녀를 출산한 경우 국민연금 가입 기간을 추가로 인정해 주는 것으로 출생한 자녀 수에 따라 가입 기간을 다르게 인정하는데, 자녀 2명 12개월, 3명 30개월, 4명 48개월, 5명일 경우 최대 50개월까지 인정된다.

실업 크레딧은 직장을 구하면서 구직급여를 받는 사람이 국민연금 납부를 원할 경우, 국가가 연금보험료의 75%를 지원해 주는 제도다. 대상은 18세 이상 60세 미만의 구직급여 수급자 중 국민연금 가입자 또는 가입한 적이 있으면서 재산 6억 원 이하, 종합소득(사업·근로소득 제외) 1,680만 원 이하인 자에게 국가가 보험료를 75% 부담하고 본인이 25%를 부담하는 방식으로 국민연금 납부 기간을 늘리는 방법이다.

보험료는 퇴사 직전 3개월의 평균 소득 50%에 해당하는 금액을 기준으로 최대 70만 원까지 인정받을 수 있다. 평생 12개월까지만 국가에서 지원받을 수 있고 구직급여 종료일이 속하는 달의 다음 달 15일까지 신청해야 지원받을 수 있다.

지역가입자 연금보험료 지원과 두루누리 제도

지역가입자 연금보험료 지원은 사업중단, 실직, 휴직 3가지 사유로 연금보험료 납부 예외 중인 지역가입자가 보험료 납부를 재개하면 국가에서 국민연금 보험료의 50%(최대 4만 5천 원)를 1년간 지원해 주는 제도다.

두루누리 제도는 소규모 사업장을 운영하는 사업주와 근로자의 사회보험료(고용보험, 국민연금) 일부를 국가에서 지원하는 것으로 고용보험과 국민연금 보험료의 80%를 지원받을 수 있다. 지원 대상은 근로자 수 10명 미만인 사업장으로 월평균 급여가 270만 원 미만인 신규 가입 근로자와 사업주가 받을 수 있지만 전년도 재산의 과세표준액 합계가 6억 원 이상이거나 종합소득이 4,300만 원 이상이면 지원 대상에서 제외된다.

국민연금을 감액받지 않는 방법이 있다

감액을 받지 않으려면 소득 항목을 기타소득 항목으로 처리할 요건이 되는지 또는 소득의 귀속 대상을 배우자나 가족 등으로 분산할 수 있는지를 고려함으로써 국민연금 수령액 감액이나 건강보험료 부담이 증가되는 일이 없도록 할 수 있다.

공적연금(국민연금, 공무원·사학·군인연금)은 국가가 주체인 사회복지제도로 연금을 많이 받는 자에게 일부 제한을 두는데, 연금 수급 대상자가 연금지급 개시 연령에 도달했을 때 다른 소득이 있으면 최대 50%까지 연금액을 감액하는 제도다.

적용되는 소득 기준은 월평균 소득이 A값을 초과하는 경우(2024년 기준 299만 원)가 해당하며, 사업소득과 근로소득을 합산해 소득금액이 A

값 이상이면 공무원연금이나 사학·군인연금은 연금 감액이 평생 적용되지만, 국민연금은 지급개시 연령부터 5년까지만 소득금액에 비례해 감액 적용되고 5년 경과 후부터는 다른 소득이 있어도 연금이 감액되지 않는다.

A값 소득금액은 근로소득이나 사업소득의 총액이 아니다. 근로소득은 근로소득공제를 적용한 금액, 사업소득은 필요경비를 공제한 금액이며 다른 소득(이자·배당·연금·기타 소득은 해당 없음)은 포함되지 않는다.

초과소득 금액별 연금 감액 규모

A값 초과소득 금액(월 환산)	노령연금 지급 감액분	월 감액 금액
100만 원 미만	초과소득 월액의 5%	0~5만 원
100만 원 이상 200만 원 미만	5만 원 + (100만 원 초과한 소득월액의 10%)	5만~15만 원
200만 원 이상 300만 원 미만	15만 원 + (200만 원을 초과한 소득월액의 15%)	15만~30만 원
300만 원 이상 400만 원 미만	30만 원 + (300만 원을 초과한 소득월액의 20%)	30만~50만 원
400만 원 이상	50만 원 + (400만 원을 초과한 소득월액의 25%)	50만 원 이상

국민연금 수령액이
줄어들지 않게 하는 법

국민연금 수령 시기에 직장생활이나 사업 영위로 소득이 계속 발생할 때는 국민연금 감액이 그다지 대수롭지 않을 수 있으나 그렇지 않은 경우 국민연금 감액은 손해의 느낌이 들게 한다. 따라서 감액을 받지 않으려면 소득 항목을 근로소득이나 사업소득이 아닌 기타소득 항목으로 처리할 수 있는 요건이 되는지 또는 소득의 귀속 대상을 배우자나 가족 등으로 분산할 수 있는지를 고려함으로써 관련 지식이나 정보가 없어 국민연금 수령액 감액이나 건강보험료 부담이 증가되는 일이 없도록 해야 한다.

다른 소득 때문에 오랜 기간 납부한 국민연금이 감액되지 않는 방법 중 하나로 사업소득에 해당하는 부동산 임대소득이 있는 경우, 연간 임대소득이 1천만 원 이상이면 소득신고를 통해 사업소득세를 납부하도록 하고 있는데 우리나라 임대소득자는 2022년 기준 125만 명에 이르고 이들의 평균 임대소득은 1,800만 원 수준에 이르는 것으로 나타나고 있으나 임대소득의 경우 각종 세금이나 공과금 그리고 시설 유지 비용을 고려하면 그다지 가계경제에 큰 보탬이 되지 않는 것이 속사정이다.

나이가 들수록 임대 관리가 어려워지고, 제반 비용(시설관리, 교체, 보수 등)이 소요되며, 가격 또한 저출산, 고령화 같은 경제환경 변화 등으로 상승을 기대하기 어려운 물건을 보유하고 있는 경우에는 매각해서 연금자산으로 전환하면 절세 효과는 물론 국민연금 감액 등을 적용받지 않는 방법이 될 수 있다.

연금 상품을 단순히 연말정산용 세액공제 목적으로 가입하거나 가입해 두면 좋을 것 같으니까 일단 가입하고 보자는 경우를 자주 접할 수 있었다. 순간의 선택이 평생을 좌우할 수 있듯이 노후생활을 맞이해야 할 모든 사람들에게 필요자금 마련을 위한 연금 상품의 선택은 노후생활 30~40년에 영향을 미칠 수 있다. 나무를 보지 말고 숲을 보는 연금 활용을 원한다면 연금 상품에 대해 귀동냥이 아닌 공부를 통해 제대로 알고 가입할 수 있도록 해야 할 것이다. 나의 노후에 대해 나보다 더 많은 고민을 해줄 사람이 없음을 명심하고 나에게 맞는 상품, 활용도를 높일 수 있는 상품을 선택할 수 있도록 해야 한다.

3장

연금저축과 연금투자 상품 활용포인트 분석

연금으로
활용할 수 있는 금융상품의
종류와 특징 분석

세제적격연금은 연금을 납입하는 동안 해마다 납입액에 대해 세액공제 혜택을 받을 수 있는 연금 상품으로, 55세 이후 연금을 수령할 때 정해진 연금소득세를 내야 한다.

중견기업 직장인 이지훈(가명, 당시 35세) 씨 부부는 맞벌이 부부로 직장일이 많이 바쁘고 각자가 월급을 관리하는 관계로 재테크에 그다지 관심을 갖지 못했다. 그러나 매월 급여에서 공제되는 세금은 물론 연말정산을 하면 추가로 내게 되는 세금을 아까워하던 차에 세액공제를 많이 받을 수 있는 금융상품이 있다는 친구의 말을 듣고 그해 12월 여유가 되는 금액 한도 내에서 부부 각각의 명의로 연금 상품을 가입하기로 마음을 모았다. 연금펀드에 투자하면 손해가 발생할 수 있다는 친구의 이야기로 일단 세액공제나 받자는 마음으로 금리형 연금저축에 가입했으나, 비슷한 시기 연금펀드로 가입한 다른 친구의 연금계좌는 연평균 수익률이 6%나 되는데 본인과 아내가 가입한 연금은 8년이 지난 현재까지의 수익률을 알아보니 연평균 수익률이 3%도 되지 않는 것을 보고 크게 실망을 할 수밖에 없었다. 가입하기 전 조금 더 알아보고 장기적인 관점에서 관리, 운용해 나갈 수 있는 연금 상품의 특징을 제대로 알고 가입만 했어도 포모족이 갖는 상실감은 들지 않았을 텐데 이제 와서 후회해 봤자 소용이 없다는 생각에 다시 연금 상품을 공부하고 본인과 상담한 후 세제 혜택은 물론 장기투자 시 투자위험은 줄이면서 기대수익률은 높일 수 있는 연금펀드로 전환을 한 결과, 지난해 한 해 동안 그동안의 연평균 수익률보다 대략 3배 정도나 높은 8.9%의 수익률이 실현됨을 보고 자랑 삼아 전화한 후배에게 연금저축펀드만이 아니라 제대로 된 노후 자금 마련 방안에 대해 상담을 받아 볼 것을 권유하였다.

연금 상품을 속속들이 알아야 제대로 선택할 수 있다. 연금 상품 가입의 필요성은 알지만, 막상 가입하려고 하면 어떤 상품에 가입해야 하는지, 어떤 상품이 나에게 적절한지 잘 몰라 주저하고 망설이다 세월만 허비하는 경우가 많다.

먼저 개인연금 상품의 기본 개념을 이해해야 하므로 이를 간략히 살펴보면 다음과 같다. 개인연금은 개인의 노후생활 보장이라는 사회적 문제가 대두되면서 국민연금의 한계를 보완하고자 1994년 6월 도입한 이후 몇 차례 제도 변경과 함께 상품이 다양해지고 있다. 금융감독원이 발표한 2023년 12월 말일 기준 자료에 따르면 개인연금 가입자는 386만 명으로 납입 금액만 386조 원에 이른다.

세제적격연금과
세제비적격연금의 차이

세제적격과 비적격의 차이는 연금 납입액에 세제 혜택이 부여되느냐 부여되지 않느냐로 구분된다.

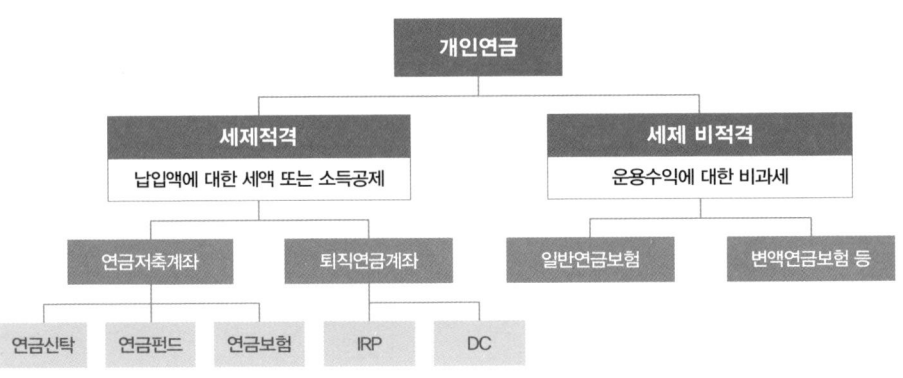

세제적격연금은 연금을 납입하는 동안 해마다 납입액에 대해 세액공제 혜택을 받을 수 있는 연금 상품으로, 55세 이후 연금을 수령할 때 정해진 연금소득세를 내야 한다.

세제비적격연금은 납입금액에 대한 세액공제를 받지 못하지만 계약 기간 10년 이상의 장기 유지 조건을 지키면 연금이나 일시금으로 인출할 때 발생하는 수익 포함, 지급받는 금액에 비과세를 적용해 세금 부담을 하지 않는다는 차이가 있다.

직장인이 연말정산에서 세액 환급을 받기 위해 가입하는 연금 상품은 세제적격연금이고 10년 이상 가입 조건을 유지해 이자소득이나 보험 차익에 비과세 적용을 받으면서 연금으로 활용할 수 있는 상품은 세제비적격연금이다.

세제적격연금은 가입 한도가 제한되어 있어 이를 초과한 연금을 마련하고자 할 때나 금융소득종합과세 대상에 해당할 때, 종신 지급 조건의 연금을 활용하고자 할 때 주로 활용된다.

'연금저축계좌'는 일정 기간 납입한 후 연금 형태로 인출할 경우 연금소득으로 구분되어 저율로 과세되는 혜택이 부여되는 금융상품으로 은행, 증권, 보험 등 금융회사와 체결한 계약에 따라 '연금저축'이라는 명칭으로 설정하는 계좌를 말한다.

연금저축 중 연금신탁은 판매가 중지되었고 연금보험과 연금펀드가 주로 판매되는데, 연금저축은 저출산, 고령화라는 사회적 현상과 함께 노후 준비에 대한 관심이 높아지면서 가입자 수 또한 꾸준히 증가하고 있다.

최근 들어 두드러지게 나타나는 현상은 연금 상품 중 수익률이 낮은 기존 가입 연금신탁이나 연금보험의 계약 건수는 줄어드는 반면 상대적으로 높은 수익률을 기대할 수 있고 다양한 투자를 할 수 있는 연금펀드 가입자는 크게 증가하고 있다는 것이다.

연금저축,
자세히 보아야
100% 활용 가능하다

연금저축보험 수익률 수준은 공시이율 상품으로 시장금리 대비 낮게 지급되는 것이 일반적이며, 연금 수령이 개시되면 연금 수령 방법을 변경할 수 없다.

현재 가입 가능한 연금저축은 연금펀드와 연금보험이 있고 기존에 판매되었으나 현재 판매가 중단되어 추가불입만 가능한 연금신탁이 있다. 연금펀드는 주식이나 채권 등 시장성 자산에 투자해 고수익 추구를 목적으로 활용할 수 있고, 연금보험은 공시이율의 금리형 상품으로 안정적 운용과 종신 지급을 선택할 수 있는 특징이 있다.

연금펀드나 연금보험은 은행이나 증권, 보험사 등 모든 금융기관에서 취급해 자유롭게 상품을 선택할 수 있으며, 상품 상호 간에 이전도 가능하다. 예를 들어 은행에 가입했던 연금신탁을 보유하고 있는 가입자가 수익률이 저조해 수익률을 높이고자 연금펀드로 이전하려고 할 경우 또는 연금펀드에서 수익이 많이 발생해 안전한 연금보험으로 이전해 종신으로 연금을 받고자 하는 경우 해지 후 잔액을 이전하거나 연금저축에서 투자하고 있는 실물자산을 이전하고자 하는 금융기관에서 판매하고 있는 상품이라면 별다른 제한이나 불이익 없이 자유롭게 이전할 수 있다.

가입 대상과 납입 한도를 정확히 알아두자

연금저축은 가입 대상 연령은 물론 내국인, 외국인 제한 없이 누구나 가입할 수 있으며, 납입 한도는 연간 1,800만 원까지 가능하나 이 중 600만 원(IRP 포함 900만 원)까지는 세액공제 혜택을 받을 수 있다. 나머지 금액은 발생 수익에 대한 과세이연으로 복리투자 효과를 누릴 수 있고 연금으로 수령할 때 저율 과세를 적용받을 수 있는 우대조건을 이용해 연금자산의 효과적 증식과 연금재원 확보를 지원하기 위해 불입할 수 있도록 허용했다.

추후 연금 수령 시 세액공제를 받은 금액에 대해서는 연금소득세를 부담해야 하지만 단순히 연금 재원을 마련하기 위해 세액공제 혜택을 받지 않고 추가로 납입한 금액의 경우 원금에서 발생한 수익에 대해서

만 연금으로 수령 시 연금소득세가 적용되며 원금에 대해서는 과세되지 않는다. 가입 기간은 최소 5년 이상이어야 하며, 연금 수령은 만 55세 이후 10년 이상의 기간으로 나누어 받아야 저율 과세의 세제 혜택을 받을 수 있다. 2013년 3월 1일 이전에 가입한 연금계좌는 연금 수령 기간을 5년으로 정할 수도 있고 그 이상으로 나눠서 받을 수도 있다.

연금 납입 기간에
받을 수 있는 세제 혜택

연금을 만들어 가는 과정에서 적립식으로 불입하는 경우에만 세액공제를 받을 수 있도록 했으며, 목돈을 일시에 넣는 방법으로는 세액공제 혜택을 받을 수 없다. 세액공제를 적용받을 수 있는 한도인 연간 900만 원(IRP 포함)까지 납입할 경우 종합소득 4,500만 원 이하(총급여액 5,500만 원 이하)는 납입액에 16.5%의 세액공제를 받을 수 있고, 그 이상의 급여를 받는 경우 납입액의 13.2%만 세액공제를 받을 수 있다.

예를 들어 연봉 5,500만 원인 근로자(종합소득 4,500만 원 이하)가 월 50만 원씩 노후 준비를 위해 연금계좌에 납입했을 때 납입 기간 동안 해마다 세금을 99만 원 돌려받을 수 있어 상품에서 발생하는 수익과 별도로 2달 치 납입액에 해당하는 세금을 돌려받을 수 있다. 즉 연금 납입을 해마다 2개월 치씩 정부가 세금으로 납부할 수 있게 해주는 혜택을 누릴 수 있다. 10년 가입한다고 할 경우 20개월 치를 연금 납입 시 환급해 주는 세금으로 납부할 수 있다는 계산이 나온다.

반면 총급여액 5,500만 원을 초과(종합소득 기준 4,500만 원 초과)하는 경우 납입액에 대한 세액공제는 13.2%로 다소 낮아져 해마다 약 1.6개월 치에 해당하는 79만 2천 원을 돌려받을 수 있다.

연금저축 세액공제액

구 분	세액공제 한도	소득 기준	세액공제율	세금환급액
연금저축 (신탁+펀드+보험)	600만 원	5,500만 원 이하	16.5%	990,000원
		5,500만 원 초과	13.2%	792,000원
연금저축+IRP	900만 원	5,500만 원 이하	16.5%	1,485,000원
		5,550만 원 초과	13.2%	1,188,000원

연금 가입을 통한
세액 환급 활용이 중요한 이유

연금저축은 노후를 경제적으로 준비할 수 있도록 한 금융상품으로 납입 기간만큼 잔액이 쌓이는 유형의 금융자산이다. 개인이 노후 준비를 위해 가입하는 데 정부가 정해놓은 상품에 가입할 경우 저축한 금액에 대해 세액공제라는 혜택을 주고, 연금저축 운용에서 발생하는 수익에 대해 다른 금융상품과 달리 이자소득세나 배당소득세 등 각종 세금을 떼지 않고 세금만큼 재투자 효과를 누리게 함으로써 장기투자 시 유리한 구조로 운용되도록 혜택을 준다.

연금을 받을 때 세제 혜택을 받은 부분 등을 감안해 연금소득세가 부과되지만, 이 또한 일정 금액 한도 내에서 저율 과세 되기 때문에 연금 수령 구조만 잘 짜면 절세 효과를 2·3중으로 누릴 수 있는 상품이다. 연금 수령 시 저율 과세 되는 부분이 적어서 큰 효과가 없다고 하는 사람도 상담 과정에서 만날 수 있으나 들어서 아는 것과 실제로 실익을 따져보는 것은 차이가 크다.

먼저 연금 가입자 세액공제 효과에서 연금저축에 매월 50만 원씩 연간 600만 원을 납입한 경우 세금 환급액은 연봉이 5,500만 원 이상이라고 할 경우 13.2% 세율이 적용되어 해마다 79만 2천 원을 환급받을 수 있다. 이것을 40세에 가입해 단순 금리상품으로 현재 적용되는 금리 3.5%로 20년간 재투자한다고 할 경우 운용관리 수수료를 감안하더라도 2,300여 만 원으로 원금과 이자를 포함해 1억 8,200만 원을 연금자산으로 확보할 수 있다. 이자와 배당소득이 2천만 원을 초과해 금융소득종합과세 대상에 해당하더라도 연금저축에서 발생한 이자와 배당소득은 연금을 수령할 때까지 금융소득종합과세 대상 자산에 포함되지 않아 금융소득 종합과세 절세 효과에도 영향을 미친다.

납입액에 대한 세액공제 혜택이나 발생 수익의 과세이연 혜택은 연금저축에 가입한 자에게만 제공되므로 가입 시기가 늦어질수록 누릴 수 있는 혜택의 기회 또한 줄어든다는 점에서 적극적으로 활용해 나갈 필요가 있다. 이는 일반상품을 이용해 목돈을 마련한 후 연금으로 사용하는 방법보다 효과적으로 자산을 증식할 수 있고, 납입 시점과 인출 시점에서 세제 혜택을 받을 수 있어 일거삼득의 효과로 활용 가치를 높일 수 있기 때문이다.

연금저축보험 수익률은
구조적으로 낮을 수밖에 없다

연금저축보험은 세액공제 혜택을 활용할 수 있고 다른 연금저축에 없는 종신 연금지급을 선택할 수 있지만 기본적으로 수익률이 낮고 만기 도래 후 연금을 받을 때도 사업비(연금 지급액의 0.5% 수준)를 계속 부담해야 한다. 수익률 수준은 공시이율 상품으로 시장금리에 사업비 등이 반영되기 때문에 시장금리보다 실질 수익률이 낮게 지급되는 것이 일반적이며, 연금 수령이 개시되면 연금 수령 방법을 변경할 수 없다.

기존에 연금저축보험을 가지고 있다면 만 55세 이후부터는 연금저축펀드나 IRP로 불이익 없이 상호 이전이 가능하므로 사업비나 수수료 부담도 없고, 연금 개시 후 적립금을 운용해 수익을 높일 수 있음은 물론 연금 수령 방법도 다양하게 선택할 수 있는 연금저축 펀드로 전환을 적극 고려할 필요가 있다. 원금 보장이라는 안정성을 원한다면 사업비가 없는 IRP로 이전해 원리금 보장을 받으면서 상대적으로 높은 금리를 적용받을 수 있는 2금융권 정기예금이나 안전채권에 투자해 운용하는 것이 효과적이다.

개인형 퇴직연금계좌(IRP): 은퇴 준비를 위한 필수상품

투자형 상품으로 운용한다고 항상 수익이 나는 것이 아니므로 안전자산으로 전환하고 추후 시장이 조정을 보일 때 투자자산 편입 비율을 높이는 것이 계좌관리의 개념이다.

개인형 퇴직연금계좌(IRP)는 근로자가 퇴직금과 여유자금을 한 계좌에 모아 다양한 상품으로 운용해 노후생활 자금을 마련하도록 하는 상품으로 근로자가 직장을 옮기거나 퇴직금 중간 정산을 받았을 때, 조기퇴직 했을 때 퇴직금을 바로 사용하지 않고 IRP 계좌를 이용해 모아 나가도록 하는 것은 물론 IRP 계좌 내에서 예금, 펀드 등 다양한 금융상품으로 운용·관리할 수 있도록 한 퇴직금 전용관리계좌다.

IRP는 퇴직금의 조기소진을 막고 은퇴 후 사용할 수 있는 재원을 마련하도록 하는 상품으로 연금으로 받을 때까지 퇴직금에 대한 퇴직소득세 부과나 운용수익에 세금이 부과되지 않고 세금 부분만큼 재투자되도록 함으로써 복리투자 효과를 활용할 수 있다.

IRP 계좌를 활용해 안전자산인 예금이나 채권펀드, 고수익을 기대할 수 있는 주식형 펀드나 ETF, TDF, ELS 등에 투자해 장기적 관점에서 고수익 추구는 물론 연령이나 성향에 맞는 위험자산 투자 비중 조절로 투자위험을 관리해 나갈 수 있어 노후 자금 마련 수단으로 가장 효과적이고 활용성이 높은 연금 상품이다.

IRP의 운용구조

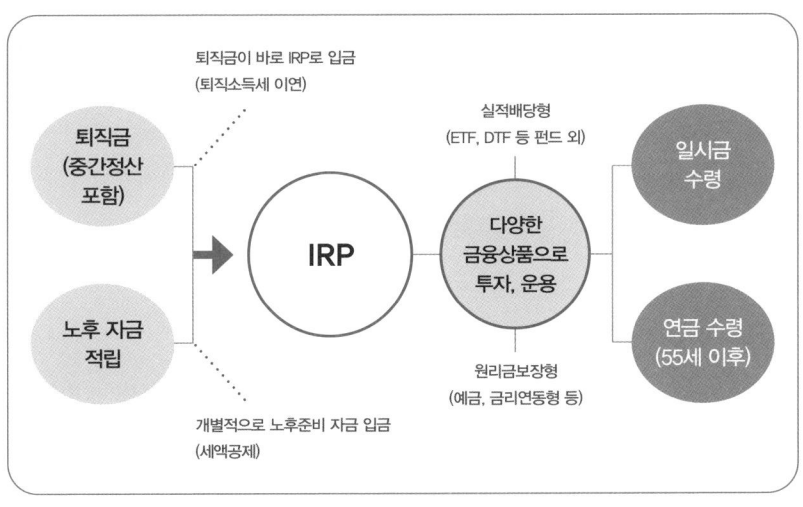

IRP 가입,
이렇게 한다

가입 대상과 가입 방법

소득이 있는 근로자나 자영업자는 물론 공무원, 군인, 교원 등 직역연금에 가입했다 하더라도 소득이 있으면 누구나 가입할 수 있지만 신고되는 소득이 없으면 가입할 수 없다.

은행, 증권, 보험사 등 원하는 금융기관에 복수로 가입이 가능하며 인터넷 뱅킹을 이용해 비대면 가입도 가능하다. 최근 금융기관들은 장기 고객 확보 차원에서 장기 유지를 기본으로 하는 상품인 IRP를 유치하려고 치열하게 경쟁하면서 운용·관리 수수료 인하 또는 일부 면제는 물론 각종 금융서비스를 경쟁적으로 제공하고 있다. 또 비대면 가입 시 운용·관리 수수료를 아예 면제해 주는 금융기관도 생겨나고 있으니 가입 전 이러한 조건을 꼼꼼히 따져야 한다.

IRP 입금 방법

기존 퇴직연금제도(DB, DC)에서 퇴직급여를 수령한 근로자의 퇴직금은 추후 인출하더라도 IRP 계좌에 일단 의무적으로 입금해야 하며, 예외로 55세 이상이거나 퇴직금이 300만 원 이하인 경우에만 퇴직급여를 일반계좌나 IRP 계좌에 자율적으로 입금할 수 있도록 하고 있다.

또한 개인적으로 노후 자금 마련 지원을 위해 납입액에 대한 세액공제 혜택 또는 수익에 대한 과세이연, 인출 시 저율 과세 적용 등을 활용하도록 연간 1,800만 원 한도에서 자유로운 추가납입을 허용하고 있다.

IRP 가입 효과

연금저축은 600만 원까지만 세액공제가 가능하고 IRP에 가입할 때 추가 300만 원의 세액공제를 받도록 하지만 IRP 가입자는 IRP 하나의 상품만으로 900만 원까지 세액공제를 받을 수 있도록 하고 있다.

IRP 계좌에 예치된 자금은 정기예금, ELB, ETF, ELS, 리츠 등 국내 및 해외에 투자되는 다양한 자산에 운용할 수 있고 글로벌 성장시장이나 선진 시장에서의 자산가치 상승 효과를 적극적으로 활용해 수익률을 높여나갈 수 있어 장기적 관점에서 노후 자금 마련을 위한 투자 상품으로 활용 가치가 높다. 다만 국내 및 해외의 주식이나 해외에 상장된 ETF, 인버스나 레버리지 같은 상품으로는 직접 운용이 불가하다.

운용·관리 수수료

IRP에는 운용·자산관리 수수료가 금융기관에 따라 다르게 적용되며, 증권사와 일부 은행의 경우 운용·관리 수수료를 면제해 준다.

계좌관리

개인이 사적연금에 가입한 경우 평균 계좌보유 수는 2.2개로 조사되고 있다. 세액공제를 받기 위해 가입한 연금저축(펀드, 보험, 신탁)이나 IRP 그리고 퇴직금을 이체받으려고 별도로 가입하는 IRP 등 연금계좌를 여러 금융기관에 보유할 수 있는데, 추후 관리상 불편 등을 이유로 계좌를 통합하고자 하는 경우가 있다.

그러나 연금 수령 시 쓰임새를 달리할 수 있기 때문에 연금저축과 금융기관별 계좌개설이 가능한 IRP를 나누어 가입하는 것을 추천한다. IRP는 퇴직연금 수령계좌와 세액공제를 받을 목적으로 저축하는 통장을 별도로 만들어 두는 것이 효과적이다. 왜냐하면 연금저축은 꼭 필요한 경우 기타소득세(16.5%)를 부담하고라도 중도 인출이 가능하지만 IRP는 퇴직계좌로 법에서 정한 사유가 아니면 중도 일부 인출이 불가하고 세금 부담 후 전액 해지를 해야 하기 때문이다.

또한 연금으로 받을 때 IRP 계좌에 퇴직급여가 이체되어 있는 경우 일부 금융기관의 경우 세액공제를 받은 연금저축액보다 퇴직연금이 먼저 지급된 후 세액공제를 받은 연금을 받을 수 있어 저율의 연금소득세를 적용받으려는 연금인출 전략에 차질이 생길 수 있다.

IRP 계좌로 수령한 퇴직급여는 만 55세 이후부터 연금을 받을 수 있는데 연금지급 기간이 10년 이내면 기준 퇴직소득세의 70%, 10년 이상이면 60%만 부담하면 되므로 퇴직급여가 많거나 적더라도 퇴직소득세 부담이 큰 경우 연금지급 신청이 가능해지는 만 55세가 되었을 때 일단 퇴직급여 IRP 계좌에서 최소 금액으로라도 연금이 지급되도록 해서 퇴직연금 지급 기간 10년을 채워나갈 수 있도록 하는 것이 절세 측면에서 유리하다.

연금 수령 기간 10년을 채운 후 남은 퇴직급여를 연금으로 수령할 경우 퇴직소득세를 70%가 아닌 60%로 적용받게 되어 10% 절세 효과를 볼 수 있다는 점에서 조금 번거로울 수 있지만 연금저축과 개별 적립 목적의 IRP 그리고 퇴직금을 수령, 관리해 나가는 퇴직급여 IRP 계좌를 별도로 만들어 관리하는 것이 단순히 계좌관리 편리성만 추구하는 것보다 효율적이다.

IRP 계좌 납입액에 대한 세액공제를 받기 위한 적립금과 퇴직급여가 함께 이체되어 있으면 자녀 결혼 등 목돈이 필요해 부득이 중도 인출을 해야 할 때 별도 세율이 적용되는 퇴직급여만 인출하거나 IRP 잔액 일부 인출만 할 수 없기 때문에 계좌 자체를 해지해야 한다. 이때 퇴직급여를 제외한 IRP 원리금에 대해 한 푼이라도 아쉬울 노후생활에 16.5%라는 세율이 적용되어 낭패를 볼 수 있다.

아울러 연금저축을 펀드로 가입한 경우 100% 투자형 상품을 이용해 운용할 수 있지만, IRP의 경우 70%까지만 주식형 펀드 등 위험자산에 투자할 수 있어 시장에 큰 조정이 왔을 때 투자 적기로 판단되는 상황에서 투자 한도 적용에 따른 자금 운용의 제한을 받을 수 있다. 또한 연금저축(펀드)의 경우 투자대상 제한이 적어 IRP보다 다양한 상품에 투자해 나갈 수 있다. 따라서 IRP와 별도로 연금저축(펀드)계좌를 가지고 있을 필요가 있다. 연금에 저축한 돈은 세제 혜택을 받았는지 받지 않았는지, 퇴직금(중간 정산 포함) 자금인지, 이자배당 등 운용수익인지 꼬리표가 달리는데, 이것은 나중에 연금을 받을 때 세금 부담에 영향을 미친다. 따라서 연금 수령 시 절세효과를 높이기 위해 전략적 활용을 할 수 있도록 개별 적립 IRP와 퇴직금 수령·관리 IRP, 연금저축(펀드 또는 보험) 3가지로 나누어 연금계좌를 활용해 나가는 것이 연금계좌 활용도를 최대한 높일 수 있는 방법이 된다.

IRP 계좌 위험자산 운용 가능 비중

IRP와 유사한 연금저축은 투자자산에 대한 투자 한도 제한이 없지만 IRP는 투자자산, 즉 원리금이 보장되지 않는 상품에 투자할 수 있는 한도를 잔액의 70%까지로 제한하고 나머지 30%는 안전자산에 반드시 투자하도록 하되 한도 내에서 가입자가 자유롭게 상품을 선택하도록 했다.

30% 안전자산 유지조건은 평가액에 따라 다시 산정되는데 펀드에서 수익이 발생해 펀드 자산 규모가 커짐으로써 안전자산 비율이 30% 이하가 되었다면 추가납입 또는 환매 후 재가입할 때 다시 평가된 전체 금액의 30%에 해당하는 금액을 안전자산으로 가입·유지해야 한다.

IRP 계좌는 가입 후
반드시 관리해야 한다

IRP 계좌는 가입 후 관리가 중요하다. 관리가 이루어지지 않고 방치된 IRP, 즉 가입 후 관심을 두지 않는 IRP는 좋은 결과를 주지 않는다.

최근 수년간 IRP 계좌에 가입한 뒤 방치한 가입자들이 수익률이 낮음을 보고 상품에 실망하는 일을 많이 보았다. 반면 금융기관 담당자와 상담하면서 정보를 얻고 관리를 잘해나간 계좌의 수익률은 관리하지 않은 계좌의 수익률과 많은 차이를 보였다. 그 이유는 개인 퇴직금 관리계좌이다 보니 본인이 관심을 두고 운용·관리하지 않으면 시장

침체 시 수익률 관리가 되지 않거나 이율이 낮은 고유계정 또는 예금으로 운용되는데, 이때 운용 수수료와 계좌관리 수수료를 부담하고 나면 남는 게 적어 수익률을 확인했을 때 크게 실망하게 된다.

2022년 도입된 디폴트 옵션(사전지정 운용제도: 퇴직연금계좌에 만기가 도래한 금융상품이 있을 경우 가입자가 별도 재가입 절차를 진행하지 않으면 사전에 지정한 금융상품에 자동 재가입해 주는 제도)은 이러한 방치를 예방하기 위해 IRP, DC형 퇴직연금 계좌를 보유하고 있는 가입자가 별도로 운용 지시를 하지 않을 경우 사전에 미리 정한 적격 투자 상품으로 운용해 나가도록 하는 제도적 장치다. 하지만 디폴트 옵션을 등록해도 이것이 적용되기까지 최대 6주 동안은 대기성 자금으로 남으며 이때 적용되는 금리는 낮다. IRP, DC형 가입자는 최초 운용 지시 후에도 운용현황 점검, 운용상품 변경 등 운용에 지속적으로 참여해야 하지만, 운용에 신경 쓸 시간이 부족해서 또는 어떻게 해야 할지 잘 몰라서 방치하는 경우가 많았다.

가입자 성향에 따라 원금손실 위험이 없는 안전자산을 선호하는 경우라 하더라도 금리가 상대적으로 높은 2금융 정기예금 상품으로 운용할지 아니면 시중은행 정기예금 상품으로의 운용여부에 따라 적게는 0.5%, 많으면 1% 이상 수익률 차이를 보이기도 한다.

구체적인 예로 정기예금 등 안전자산으로만 운용한 경우와 국내 및 해외시장에 분산투자 하는 펀드에 투자한 경우 수익률을 시중은행인 K 은행 IRP 가입자를 대상으로 살펴보면, 2023년 말 달성 수익률이 정기예금 등 원리금 보장상품으로 운용한 계좌의 평균수익률은 3.62%였으나 펀드 등 국내외 투자자산에 자금을 운용한 원금 비보장 IRP 계좌의 평균수익률은 13.32%나 되는 것을 알 수 있다.

투자형 상품으로 운용한다고 항상 수익이 나는 것이 아니므로 일정 수익이 발생하면 시장 상황을 살피고 변동성 요인 등을 짚어본 후 정기예금 등 안전자산으로 전환하고 추후 시장이 조정을 보일 때 투자자산 편입 비율을 높이는 것이 바로 계좌관리의 개념이다.

디폴트 옵션제도를 도입해 방치되는 사례가 없도록 보완했지만 무엇보다 가입자가 정기적으로 계좌를 체크하며 관심을 가지고 좀 더 적극적으로 관리해야 한다. 좀 더 구체적이고 실질적인 관리 방법은 IRP 활용법에서 다루도록 하겠다. 참고로 연금저축 계좌에서 ETF에 투자하려면 증권사나 은행의 연금저축(펀드)에 가입해야 한다.

IRP와 연금저축(펀드)의 또 다른 차이

구 분	퇴직연금(IRP, DC)	개인연금(연금저축)
가입자격	소득이 있는 직장인과 자영업자 등	0~5만 원
납입한도	연 1,800만 원 한도	5만~15만 원
	합산하여 연 1,800만 원 한도 (세액공제 한도는 합산하여 최대 900만 원)	
투자가능 상품 * 상품 복수 투자 가능	원리금보장형 상품 실적배당형 상품(펀드) ETF 등	실적배당형상품(펀드) ETF 등
위험자산 최대비중	70%	100%
연금 수령 조건	만 55세이상, 5년이상 가입 (연금수령 최소기간 10년)	
연금 수령 시 세금	− 연간 수령 연금액이 1,200만 원 이하일 경우 연금소득세만 부담(3.3~5.5%) − 연간 수령 연금액이 1,200만 원 초과일 경우 종합소득세 합산 * 과세대상 연금소득: 세금공제 받은 금액과 운용수익(세액공제 받지 않은 금액은 비과세)	

- 안정적 배당이 장점인 인프라 펀드와 부동산(리츠) 펀드는 IRP에서만 투자 가능
- 연금저축: 위험자산 100% 투자 가능하나 IRP는 안전자산 30%, 위험자산 70% 내 가능해 일부를 안전자산에 의무적으로 예치하도록 함
- 일부 인출, 중도해지 가능 여부: 연금저축은 가능하나 IRP는 특별한 사유만 가능(연금저축 중도 인출, 해지 시 세액공제 받은 경우 16.5% 세금 부담)
- 담보대출 가능 여부: 연금저축은 가능, IRP는 특별한 사유에 해당할 때 50% 내 가능(연금저축 담보대출은 금융사별 취급 기준에 차이가 있음)

* IRP 중도 인출 및 담보대출이 가능한 예외적 사유
  ① 무주택자가 본인 명의 주택 구입 시
  ② 가입자와 배우자 및 부양가족이 6개월 이상 요양이 필요한 경우
  ③ 파산선고를 받은 경우
  ④ 개인회생절차 개시 결정을 받은 경우
  ⑤ 가입자 본인과 배우자, 부양가족의 대학등록금, 혼례비, 장례비 가입자 부담
  ⑥ 사업주의 휴업으로 임금이 감소하거나 재난 피해를 본 경우

개인종합자산관리계좌(ISA): 재테크와 노후 자금 활용의 만능통장

비과세 대상 수익을 초과한 수익이 발생한 경우에도 일반 과세보다 낮은 분리 과세가 적용되므로 금융소득 종합과세나 지역가입자 건강보험료 산정 시 소득금액 등에서 유리하게 활용할 수 있다.

개인종합자산관리계좌(ISA)는 연금 상품으로서 활용은 물론 재테크용 상품으로 활용하기에 적합한 단연 최고 상품의 하나로 재테크 3대 필수상품 중 하나라 할 수 있다. ISA는 하나의 계좌로 다양한 금융상품에 분산투자가 가능하며, 절세 혜택을 누릴 수 있고 시장 상황에 따라 자유롭게 상품을 교체할 수 있다.

고수익 추구와 절세 만능 통장으로 불리며 출시 8년 만에 가입자 500만 명을 넘어섰고 가입 금액도 25조 원을 넘어선 범국민 재테크

통장으로 세제 혜택 한도 확대가 추진되고 있어 이용가치는 더 높아질 것으로 예상된다.

ISA 계좌를 활용해 주식이나 채권, ETF나 배당주 등에 직접 투자할 수 있게 됨으로써 그동안 투자 수익에 대해 일반과세가 되었던 해외 ETF(S&P500, 나스닥100 등)나 맥쿼리인프라펀드 같은 해외배당주 펀드에 투자자금이 몰리는 것으로 나타나고 있다. 최소 유지 기간은 3년으로 은퇴 예정자는 주된 직장 퇴직 후 연금 수령까지 소득 공백기에 생활비 마련 통장으로 활용하기에 적합한 금융상품의 하나라고 할 수 있다.

초년도 가입 가능 금액이 2천만 원으로 큰 실익이 없는 것처럼 보일 수 있으나 해마다 2천만 원씩 1억 원 한도에서 4년간 증액이 가능하고 비과세 대상 수익을 초과한 수익이 발생할 경우 일반 과세보다 낮은 저율의 분리 과세가 되므로 금융소득 종합과세나 지역가입자 건강보험료 산정 시 소득금액 등에서 유리하게 활용할 수 있다.

ISA 가입, 이렇게 하면 된다

가입 대상과 방법
- 만 19세 이상 또는 근로소득이 있는 만 15~19세 거주자로 전 금융기관 1인 1계좌
- 서민형과 농어민형은 총급여 5천만 원 이하 또는 종합소득

3,800만 원 이하이면 가능(최근 3개년 중 1회라도 금융소득종합과세 대상 이었으면 가입 대상에서 제외)
- 신탁형, 일임형, 중개형 3가지가 있으며 이 중 국내 주식, 채권을 직접 거래할 수 있는 중개형은 증권사에서만 가입 가능(해외주식 거래 불가)

가입 한도

납입 한도는 연간 2천만 원, 해당 연도에 사용하지 않은 한도가 있으면 다음 해로 이월해 최대 1억 원까지 납입·운용 가능

가입 기간

3년 이상 유지 조건이며, 장기로 약정하더라도 3년만 경과하면 비과세 혜택을 받을 수 있으므로 만기를 가능한 한 장기로 약정하는 것이 좋으며, 계좌 유지 시 납입 한도인 1억 원을 평생 비과세 적용을 받으며 운용할 수 있다.

가입 효과

- 계좌에서 발생한 예금이자나 투자수익에 최대 400만 원까지 비과세 적용
- 초과분은 9.9%(일반 금융상품 15.4~49.5%) 저율·분리과세 적용으로 절세 효과 큼
- 만기 후 60일 이내에 투자금을 연금계좌로 이전할 경우 납입액의 10%(최대 300만 원 한도)까지 연금세액공제(900만 원 한도)와 별도로 추

가 세액공제 혜택. 이때 연금계좌로 이전해 세액공제를 받은 금액은 연금으로 수령해야 함
- 손익 합산해 비과세 적용: ISA 계좌에서 투자한 다양한 상품 중 손실이 발생한 계좌는 수익이 발생한 다른 상품의 수익과 상계가 가능해 세금 측면에서 유리(주식형 펀드는 주식매매차익이 비과세 대상이므로 계산에서 제외)

운용 방법

예금, 주식, 채권, ETF, ELS, 리츠, 파생결합증권 등 국내와 해외의 다양한 금융상품에 선택적으로 투자할 수 있다.

구 분	일반형	서민형	농어민형
가입요건	만 19세 이상 또는 직전 연도 근로소득이 있는 만 15~19세 미만 대한민국 거주자	직전 연도 총급여 5천만 원 또는 종합소득 3,800만 원 이하 거주자	직전 연도 종합소득 3,800만 원 이하 농어민 거주자
비과세한도	200만 원	400만 원	400만 원
비과세한도 초과 시	9.9% 저율 분리과세 적용		
가입 기간	최소 3년 이상		
납입 한도	연간 2천만 원, 최대 1억 원(해당 연도 미불입 납입 한도는 다음 해로 이월 가능)		
중도 인출	총납입원금 내에서 횟수 제한 없이 중도 인출 가능 (인출 금액만큼 납입 한도가 복원되지 않음)		
추가 필요서류	[만15~19세 미만] 개인종합자산관리계좌 가입용 '소득확인증명서'	개인종합자산관리계좌 가입용 '소득확인증명서'	개인종합자산관리계좌 가입용 '소득확인증명서', '농어업인확인서' 등

일반 연금보험: 종신연금 기능을 탑재한 연금 상품

목돈을 한 번에 예치하는 일시납의 경우 1억 원까지 비과세 적용이 가능하며 적립식, 거치식 모두 납입 기간 포함 10년 이상 유지하면 비과세 적용이 가능하다.

일반 연금보험은 일정 기간 보험료를 납부하면 사망할 때까지 또는 일정 기간 정해진 금액을 받을 수 있는 생명보험으로 은퇴 후 소득이 없는 공백기에 안정적인 수입을 얻기 위해 활용된다. 세액공제 혜택을 주는 연금 상품들과 달리 연금 수령을 45세부터 할 수 있고, 종신지급형을 월납으로 가입할 경우 금액 제한 없이 발생이익에 대해 비과세 적용으로 연금을 수령할 수 있어 금융소득 종합과세 적용으로 과세 부담이 큰 경우 이자소득에 대한 비과세와 종합과세에 대한 절세 효과를

극대화할 수 있다.

일반 연금보험은 국민연금이나 퇴직연금의 부족분을 보완해 노후의 경제적 여유를 확보할 목적으로 주로 활용된다. 종류로는 매월 보험료를 납부하는 공시이율형 연금보험과 변액연금보험, 목돈을 한꺼번에 납입하고 연금을 수령할 수 있는 즉시연금보험이 있다.

공시이율형 연금보험은 시중금리에 연동되어 연금액이 결정되는 상품으로 금리가 떨어져도 '최저보증이율'을 보장하기 때문에 안정적으로 연금을 수령할 수 있고, 변액연금보험은 보험사가 가입자에게 받은 보험료 중 일부를 주식이나 채권에 투자해 수익률을 높이는 실적배당형 상품이다.

운용실적에 따라 더 높은 수익을 기대할 수 있지만 위험자산 투자의 특성상 원금 손실 가능성도 있다. 즉시연금보험은 단기간에 노후대책을 마련하는 상품으로, 상속형 즉시연금보험을 10년 이상 유지하면 가입 금액에 상관없이 이자소득에 비과세 적용을 받을 수 있다.

연금보험과
일반 연금저축보험의 차이

구 분	연금보험	연금저축보험
취급하는 금융회사	생명보험사	생명보험사, 손해보험사
세액공제	세액공제 안됨	연간 600만 원 한도
납입한도	납입 한도 없음	연간 1,800만 원
연금 과세	과세대상 아님	연금소득세 부과(지방세 포함 3.3~5.5%)
연금 개시 시점	45세 이후(수령 시기 선택 가능)	만 55세 이후(수령시기 선택가능)

일반 연금보험은
이런 상품이다

납입 후 발생한 수익에 비과세 적용을 받으려면 월납입 방식의 경우 최대 월 150만 원 한도(추가납입 불가)에서 연 1,800만 원까지 적립이 가능하고 적립 기간은 5년 이상 납입할 수 있다.

목돈을 한 번에 예치하는 일시납의 경우 1억 원까지 비과세 적용이 가능하며 적립식, 거치식 모두 납입 기간 포함 10년 이상 유지하면 비과세 적용이 가능하다. 종신형의 경우 월납입 한도 제한 없이 보험 차익에 대해 비과세 적용을 받을 수 있으며, 사망 시까지 종신연금을 받을 수 있어 오래 살게 될 위험에 대응하기는 유리하나 수익률이 낮아 연금의 수익성 면에서는 효율적이지 못하다.

최저이율보증 변액연금: 최저이율을 보증하는 종신연금

최저이율보증 변액연금은 장기적 관점에서 보증되는 금리가 높아서 노후 자금 마련 목적으로 활용한다면 시장의 변동성에 개의치 않고 연금자금을 안정적으로 확보할 수 있다.

변액연금은 연금과 투자형 펀드가 조합을 이룬 금융상품으로 수명 연장에 대비하는 종신연금의 안정성과 펀드 투자를 통해 수익성을 추구하는 노후자산관리 상품이다. 높은 사업비와 수익률 저조로 그동안 변액연금의 활용이 저조했으나 최근 상품이 발전하면서 사업비도 크게 줄어 들었고, 높은 수익률에 최저이율 보증 상품도 판매되면서 노후생활 자금 마련 수단으로 상품 경쟁력을 회복하고 있다.

고유계정과 구분해 특별계정으로 운용되며, 일반 변액보험은 계좌

내에서 정해진 횟수만큼 비용 없이 펀드 변경을 할 수 있어 글로벌 경기상황에 따라 주식형, 채권형, 혼합형 펀드의 비율을 적절히 조정할 수 있음은 물론 자산을 배분해 위험관리와 수익률 제고를 할 수 있다. 이 책에서는 상대적으로 높은 수익률을 적용받을 수 있고, 종신 수령이 가능해 장기 생존 시 활용 가치가 더 높아지는 최저이율보증 변액연금을 집중적으로 분석하겠다.

최저이율보증 변액연금의
연금액 산출 구조

'단리 8%를 펀드운용 성과에 상관없이 20년간 보증한다'고 하면 시장금리 수준을 고려할 때 매우 매력적인 금리다. 하지만 제시 금리가 높다고 연금지급액이 높은 것은 아니다.

일단 금리 구조에서 20년간 단리 8% 금리는 연 복리로 환산할 경우 5.5% 금리에 해당하기 때문에 일반적으로 접하는 예금금리 8%로 착각해서는 안 된다. 상품을 매력적으로 보이게 하려는 마케팅 방안으로 생각되는데, 아무튼 모든 금융상품은 그럴듯한 포장 내용을 반드시 면밀히 따져보고 분석한 후 이용 가치를 정해야 한다.

최저이율보증 변액연금은 보험사 자체 신용으로 가입 당시 제시된 최저이율을 정해진 기간에 보증하는 연금 상품이며, 단리 이율이 적용된다.

일반 변액보험금 구조는 납입 보험료에서 사업비를 차감한 잔액에 대해 투자수익률을 곱한 금액이 계약자 적립금이 되고 여기에 보험사가 정한 연금지급률을 적용해 연간 연금지급액이 결정되는 구조로 연금액은 계약자 적립금이 가장 큰 영향을 미치며, 중도해지 시에는 계약자 적립금이 해지 환급금 계산의 기초가 되는 구조다.

(납입 보험료−사업비)×투자수익률=계약자 적립금×연금지급률
=연간 연금액

그러나 최저이율보증 변액연금은 일반 변액연금의 연금액 산출방식과 납입 보험료에 보증금리를 적용해 산출된 연금기준 금액 중 큰 금액에 연금지급률을 적용해 연금을 지급하는 구조다.

① (납입 보험료−사업비)×투자수익률=계약자 적립금
② (납입 보험료×보증금리)=연금 기준금액
  ①과 ② 중 큰 금액에 연간 연금지급률로 곱해 연간 연금액 산출
  사실상 연금 기준금액에 연금지급률을 곱한 금액이 연금지급액이 된다.

연금지급률은 기본 지급률×장기보유 가산율×투자실적 가산율로 산정되며, 기본 지급률은 나이, 성별에 따라 다르게 적용되는데 이는 여자의 경우 남자보다 더 오래 살기 때문에 지급률에 차등을 둔다. 연금개시 연령이 늦어질수록 연금지급률은 높아지는데 그 이유는 연금 수령 예상 기간이 줄어들기 때문이라고 할 수 있다.

장기보유 가산율은 20년 이상, 30년 이상, 40년 이상 각각 다르며, 보험사별로 또 다르게 적용된다. 투자실적 가산율은 계약자 적립금이 일정 조건을 넘어서면 적용하는 것으로 현재 최저보증이율 변액보험을 취급하는 4개 보험사 중 1개 사만 적용하고 있다.

연금 수령액: 납입보험료×보증금리(단리 5~8%)×연금지급률(기본 지급률 ×장기보유 가산율×투자실적 가산율)

실적배당 보증형 변액연금 최저이율 보장 상품 비교

(2024년 7월 기준)

구 분	적용금리 (단리)	연금지급률 (55세 기준)	의무 거치기간	최저 사망 적립금	연금개시 가능 연령
S 보험사	전 기간 5%	6.15%	10년	원금+이자	45세
K 보험사	20년간 7% 초과 시 6%	5.98%	5년	원금+이자	55세
D 보험사	30년간 7% 초과 시 5%	5.35%	5년	원금	50세
I 보험사	20년간 8% 초과 시 5%	5.14%	5년	원금+이자	30세

최저금리보증 변액연금 가입, 이렇게 하면 된다

가입방법

최저금리보증 변액연금은 2가지 가입 방법이 있다.

- 월납 150만 원(연간 1,800만 원 한도)을 최소 5년 이상 납입해야 하고, 이후 가입 기간 제한은 없다.
- 납입 보험료 기준 1억 원 한도에서 매월 분할해 납입할 수 있다.

중도 인출과 해지

중도 인출이나 해지 시 보증금리가 적용되지 않고 투자수익률에 근거해 사업비 등을 차감한 뒤 환급금이 결정되어 큰 손해가 발생할 수 있으므로 이 상품은 반드시 연금 수령 목적으로 가입하고 연금으로 수령해야 상품의 장점을 활용할 수 있다.

최저금리보증 변액연금의 장단점을 알아두자

장점

- 실적배당형 상품이지만 운용 실적이 나빠도 최저이율 보증의 안

전판 활용 가능
- 적립식 월 150만 원(5년 납)+납입 한도 기준 1억 원까지 보험차익 비과세 적용
- 장기생존 시에도 종신 지급으로 안정적 소득원 확보
- 장기 유지 할수록 연금을 더 받을 수 있는 구조 활용
- 연금지급조건 충족 시 지급 시기를 필요에 맞춰 조정·선택
- 국민연금 부족분을 채울 수 있는 추가 연금으로 활용하기에 적합

단점
- 연금으로 수령할 때만 보증금리 적용
- 중도 인출 및 해지 시 최저보증이 적용되지 않으며 투자수익률 적용, 사업비 등 각종 비용 공제로 원금손실 위험이 큼
- 최저이율보장 변액연금의 경우 납입 기간 외에 반드시 5년 이상 거치기간을 거쳐야 연금 지급을 받을 수 있으며, 종신연금으로만 수령 가능
- 적립 및 거치기간 등 장기간이 필요하므로 물가상승률 반영시 연금 수령 시점에서 실질 연금 가치는 많은 부분 낮아짐

최저보증이율 변액연금은 표면 제시 금리가 높다고 지급되는 연금이 많은 것이 아니다. 표면 제시 금리가 높으면 이자 금액은 더 많아지지만, 연금지급률에 따라 연금지급액은 달라지기 때문에 반드시 실익을 따져봐야 하고 연금을 받는 기간에 사망하면 최저 사망 적립금에서 지급된 연금을 차감하고 사망보험금이 지급된다.

이때 최저 사망 적립금 계산 방식이 단순 원금 기준인지 원금과 이자를 합산한 금액을 기준으로 하는지도 체크해야 하는데 계산 방식에 따라 사망보험금 차이가 크기 때문에 연금 수령 조건은 물론 금리보증 기간 등 핵심 사항을 면밀히 살펴본 후 상품을 선택하고 활용해야 한다.

최저보증이율 변액연금은 장기적 관점에서 보증되는 금리가 높아서 노후 자금 마련 목적으로 활용한다면 시장의 변동성에 개의치 않고 연금자금을 안정적으로 확보할 수 있다.

하지만 보험상품의 특징인 장기가입, 유지가 필요하므로 반드시 중도해지 하지 않도록 연금자금이라는 분명한 목적을 가지고 활용 여부를 검토해야 하며, 중도해지 시에는 커다란 금전적 손실이 발생한다는 점을 유념하고 가입을 결정해야 한다.

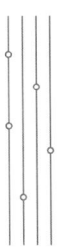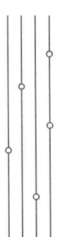

TDF:
노후 자금 마련 및
생애 자산관리 펀드

TDF는 연금선진국이라 할 미국 등에서 디폴트 옵션제도를 도입하면서 활성화되었으며, 검증된 투자 방식의 펀드라고 할 수 있다.

TDF(Target Date Fund)는 은퇴자금을 마련하기 위해 투자자의 예상 은퇴 시점에 맞춰 주식 등 펀드 내 위험자산과 안전 투자자산의 투자 비중을 자동으로 조절해 수익 추구와 위험관리가 되도록 만들어 놓은 자산배분펀드이다. 투자 경험이 많지 않거나 시간이 부족한 투자자들에게 자동차에 자율주행기능을 탑재해 놓은 것과 유사한 기능을 갖춘 펀드로 이해하면 된다.

은퇴까지 여유가 있을 때는 다소 공격적인 투자로 수익을 추구하고 주된 소득이 단절되는 은퇴 시기가 가까울수록 안전자산의 비중을 높이는 방식으로 운용되는 펀드로, 마치 비행기가 착륙할 때 보이는 곡선(글라이드 패스)과 같이 위험자산과 안전자산의 자산 배분 비중이 은퇴시기에 맞춰 조정되도록 만들어졌다. 자신의 투자성향이 보수적일 경우 TDF의 목표 시점을 더 빠르게 정하고, 공격적이라면 목표 시점을 늦게 잡을 수 있다.

TDF 투자를 선호하는 20~30대의 경우 초장기로 노후 자금을 마련하는 투자를 하므로 성장성이 높은 업종이나 지수를 활용해 분산투자를 하면 장기투자를 통한 시장 변동성 위험과 분산투자를 통한 개별 위험을 줄여나감으로써 위험은 분산으로 작아지고 수익률은 높아지게 된다.

대표적인 예로 미국의 S&P500지수에 장기투자 했을 때 얻게 되는 수익률 곡선을 보면, 단기간 변동성은 크게 나타날 때도 있지만 장기적으로는 변동성이 크게 줄어들고 수익은 높아졌음을 알 수 있다.

대마불사(大馬不死, Too big to fail, TBTF)라고 할 수 있었던 리먼브러더스 같은 대형 개별종목은 역사의 뒤안길로 사라졌지만 S&P500지수는 일정 기간의 변동성이 있었을 뿐 이후 견조하게 상승했음을 알 수 있다. TDF는 연금선진국이라 할 미국 등에서 디폴트 옵션제도를 도입하면서 활성화되었으며, 검증된 투자 방식의 펀드라고 할 수 있다.

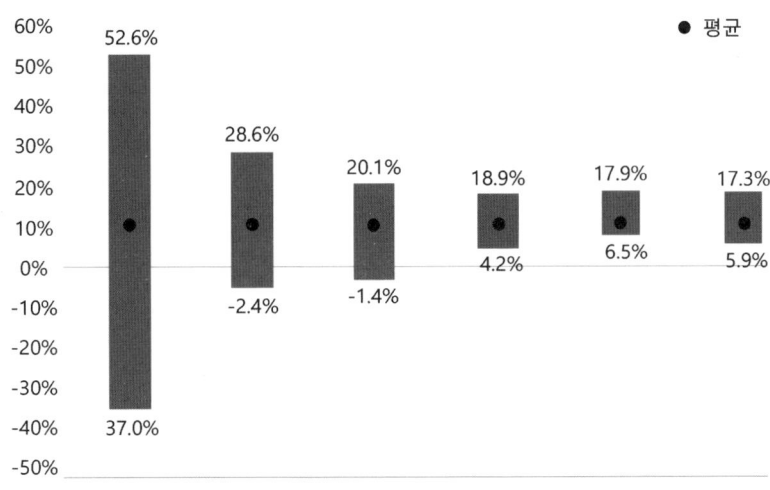

자료: 랜덤워크 투자 수업(버튼 멜킬, 2020년)

TDF 투자의
장단점을 알아두자

TDF2030처럼 TDF 뒤에는 숫자가 붙는데 이는 1970년생이 60세에 은퇴한다고 했을 때 1970+60=2030으로 나온 것이다.

장점
- TDF는 가입자가 정한 은퇴 시점에 맞춰 따로 신경 쓰지 않아도

펀드가 알아서 자산 배분과 운용을 해준다.
- 다양한 국가와 자산에 잘 분산된 운용구조의 상품을 선택할 수 있다.
- 주기적인 리밸런싱을 기대할 수 있다.
- IRP에서는 안전자산 30%를 유지해야 하는데, TDF는 안전자산으로 분류되므로 TDF 투자로 주식투자 비중을 늘릴 수 있다.

단점
- 시장변화에 대응하지 못하면 투자 손실이 발생할 수 있다.
- 시장환경 변화보다는 은퇴 시기에 따른 위험자산 비중 조정에 초점이 맞춰져 시장 변동에 민감하게 대처하지 못하는 위험에 노출될 수 있다.
- 운용 수수료율이 상대적으로 높다.

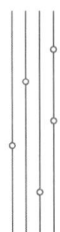

TIF: 배당금을 활용한 노후 자금 마련 펀드

은퇴 시점부터는 변동성이 비교적 낮고, 배당 성향이 높은 우량자산에 투자함으로써 자산가치의 유지는 물론 안정적 현금흐름을 활용해 연금재원을 만들어 나갈 수 있다.

TIF(Target In-come Fund)는 은퇴 자산을 효과적으로 유지하면서 자금을 배당, 임대소득 등 현금흐름이 발생하는 자산에 주로 투자한 후 발생한 수익으로 노후 자금을 마련하도록 만들어진 글로벌 인컴 자산배분 펀드다.

은퇴자금을 관리하고 은퇴 후 필요 자금을 수령해야 할 시기에 활용하도록 중점이 맞춰진 연금인출형 투자 상품이다. 연금으로 인출해 쓰는 기간에는 수익률을 높이는 것도 중요하지만 변동성을 줄여 급격한 하락 등으로 원금손실 발생 위험을 최소화하면서 안전자산인 예금보다 높은 수익을 추구하는 구조의 펀드다.

TDF가 은퇴 시점까지 은퇴 후 생활 자금을 생애주기에 맞게 배분하면서 은퇴자금 증식에 초점이 맞춰져 있다면 TIF는 연금 인출 시기에 연금 가치를 안정적으로 지키면서 연금이 지급되도록 현금흐름에 초점이 맞춰진 펀드다.

TIF 펀드는 우량주식과 국채 투자는 물론 배당, 이자, 임대수익(리츠) 등 정기적으로 현금흐름 발생이 큰 인컴자산에 상대적으로 높은 비중을 투자하는 펀드로, 자산을 처분해 원금을 사용하는 것이 아니라 자산을 보유한 상태에서 배당이나 이자처럼 수익이 발생할 수 있는 구조를 만들어 안전자산 수익률+a의 수익률로 연금과 같이 꾸준한 흐름을 추구하는 투자자에게 적합하도록 만들어진 상품이다.

TIF 투자의
장단점을 알아두자

장점
- 지속적이고 안정된 배당, 이자, 임대수익을 기대할 수 있다.
- 글로벌 시장 멀티 분산투자로 우량자산의 투자와 위험 분산이 가능하다.
- 인컴수익(배당, 이자, 임대수익 등)이 높을 것으로 예상되는 자산에 투

자해 인컴 수익은 물론 자산의 가치 상승에 따른 매매이익을 얻을 수 있다.

단점
- 자산 매매손실이 배당수익을 넘어서면 원금손실이 발생할 수 있다.
- 시장의 변동성 위험에 노출되어 있다.
- 부동산 등 실물자산 투자 시 유동성이 낮아 변동성 위험에 노출될 수 있다.
- 다양한 자산에 투자되므로 운용 수수료가 상대적으로 높다.

수명이 증가하는 것과 더불어 은퇴 기간이 늘어나면서 은퇴 후 자산관리에도 새로운 패러다임이 형성되고 있다. 과거에는 퇴직금이나 은퇴 자산에 대한 관리에서 노후 자금은 무조건 안전하게 유지·관리해야 한다고 생각하고 또 많은 은퇴자가 은행의 안전한 예금 또는 안전한 채권에 투자하는 수준이었다. 하지만 은퇴 생활 기간이 30~40년 지속될 것으로 예상되면서 은퇴자금은 단순히 안전성에만 비중을 두지 않고 장기 안정적 배당수익으로 현금흐름을 창출할 수 있는 우량 자산에 투자해 예금이자보다는 높은 수익을 얻을 수 있도록 하고, 물가상승에 따른 자산가치 하락을 방지함은 물론 투자한 자산에서 수익이 발생할 수 있도록 해서 연금으로 활용함으로써 은퇴 후 자산관리를 효과적으로 해나가고자 하는 니즈도 높아지고 있다.

또한 주식이나 채권 등 투자형 자산을 주로 이용해 자산을 관리해온 경우, 변동성이 높은 자산으로 은퇴자금을 지속적으로 관리할 경우 시장의 변동으로 회복하기 어려운 큰 위험에 처할 수 있기 때문에 은퇴 시점부터는 변동성이 비교적 낮고, 배당 성향이 높은 우량자산에 투자함으로써 자산가치의 유지는 물론 안정적 현금흐름을 활용해 연금재원을 만들어 가고자 하는 니즈가 있다는 점에서 은퇴 생활 자금 마련과 은퇴자금 운용의 또 따른 유형으로 배당형 연금펀드인 TIF가 활용되고 있다.

ETF:
분산효과로
수익을 얻는 펀드

은퇴자금을 마련하거나 퇴직금을 운용하는 경우 최근 들어 흐름의 큰 변화로 연금 재원을 ETF와 같은 펀드상품을 활용해 '지키는 자산에서 늘려가는 자산'으로 인식하는 연금 상품 가입자들이 늘고 있다.

주식시장에 상장된 다양한 지수에 투자하는 펀드로 개별종목 투자의 위험을 제거하고 성장이 기대되는 업종이나 산업군의 주가지수에 투자해 수익을 얻는 ETF(Exchange Traded Funds)는 젊은 세대가 연금 상품 투자에 관심이 높아지면서 장기적 관점에서 노후 자금을 마련하고자 많이 이용하는 펀드 상품이다.

주식시장에 상장되어 주식처럼 편리하게 거래할 수 있는 펀드로 손실을 감수하더라도 초과수익을 추구하는 적극적 자산운용을 하고자 하는 경우 적합한 상품으로 S&P500 ETF 1주를 사면 S&P500을 구성하는 모든 종목에 분산투자 하는 효과를 얻을 수 있다.

노후 자금 마련은 장기적 관점에서 하는 만큼 안정성과 수익성을 모두 고려해야 하는데 펀드에 수시로 매매가 가능한 주식의 장점을 더한 ETF를 활용하면 노후 자금 마련과 퇴직금 등 목돈을 운용해 노후 자산 증대에 도움이 될 수 있다.

또한 성장성이 높은 이머징 시장이나 4차 산업, 시장 지배적 초우량 기업 등에 투자하면 장기 분산투자에 따른 위험의 크기를 줄이는 반면 기대수익은 높여 장기 적립 투자에 활용 가치가 높다.

ETF 투자의 장단점을 알아두자

장점
- 지수에 투자하므로 개별종목의 등락에 영향을 크게 받지 않는다.
- 거래가 편리하고 특정 업종, 고배당주 등 투자 대상이 다양하다.
- 성장 가능성이 높은 업종의 지수투자로 개별 종목에 투자하는 위험을 피할 수 있고, 업종 성장시 고수익 추구가 가능하다.
- 거래 비용이 매우 저렴하다(ETF 평균 보수 연 0.3%, 주식형 펀드 연 1~2% 수준).
- 글로벌 자산 배분 투자가 용이하다.

- 실시간으로 매매할 수 있어 시장 변화에 빠르게 대응해 나갈 수 있다.
- 적립식 장기투자 시 시장 변동성 위험을 낮추고 기대수익을 높일 수 있다.

단점
- 변동성 위험으로 원금 손실이 발생할 수 있다.
- 목돈 투자 시 합리적인 투자 시점을 선택하기가 어렵다.
- 지속적으로 시장 상황을 살펴나가며 수익률 관리가 필요하다.

ETF로 운용되는 대표 펀드로 TIGER 미국 S&P500 ETF, TIGER 나스닥100 ETF, TIGER 필라델피아 나스닥 반도체 ETF, 글로벌 4차 산업 ETF, KODEX200 ETF 등이 있다.

은퇴자금을 마련하거나 퇴직금을 운용하는 경우 최근 들어 흐름의 큰 변화는 연금 재원을 '지키는 자산에서 늘려가는 자산'으로 인식하는 연금 상품 가입자들이 늘고 있다는 사실이다. 하지만 주의할 점도 있다.

첫째, 성장성이 높은 업종의 상품(ETF 등)에 최소 3년 이상 장기투자를 예상해야 한다.

둘째, 국내뿐만 아니라 글로벌 우량자산에 투자해야 한다(ETF, TDF 활용).

셋째, 투자 후 방치하면 안 되고 반드시 시장의 변동성을 살피고 정기적으로 관리해 필요시 비중을 조절해야 한다.

연금은 가입부터 연금 수령까지 초장기 운용 상품이므로 연령대별 적절한 활용 전략이 필요하다. 주택 구입이나 자녀 학자금 마련 등 시급하고 목돈이 소요되는 여러 재무 목표 가운데 노후 자금 마련은 긴급하지 않은 항목이다. 그렇지만 중요한 재무 목표를 달성하려면 사회생활 초기에 세제 혜택을 활용할 수 있는 수준에서 장기투자 시 유리한 상품을 활용해 노후 자금의 종잣돈을 만들고, 일반적으로 소득이 증가하는 40대부터 연금 투자 비중을 높이는 전략을 구사하는 것이 효율적인 노후 자금 마련 방법이다.

4장

내게 딱 맞는 연금 만드는 법과 연금 활용법

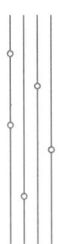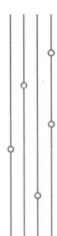

연금은 20~30대부터 준비해야 한다

긴급하지 않지만 중요하기 때문에 장기적인 관점에서 준비하고 투자해 나감으로써 투자위험을 분산하고 기대수익률을 높일 수 있도록 하는 장기투자의 이점을 활용해 나가야 한다.

20~30대는 취업을 하고 스스로 돈을 벌어 자립 기반을 만들어 가기 바쁜 시기다. 요즘은 필수가 아닌 선택이라고 하나 결혼 자금도 마련해야 하고 전세든 주택 구입이든 주거 안정 자금도 마련해야 하며, 더러는 못다 한 공부도 해야 하고 자동차 구입도 해야 하는 그야말로 수입은 적은데 목돈이 들어가야 할 곳은 많은 시기다.

그러나 숲은 보지 못하고 눈앞의 나무만 본다면 항상 허덕이는 삶에서 벗어날 수 없고 장기적으로 더 많은 기회비용을 지불할 수도 있다. 연금투자는 긴급하지 않지만 중요한 일로 우선순위를 정하고 제한된 자원을 효과적으로 활용하도록 자원 배분을 할 때 처음에는 그 차이가 미미하겠지만 20년, 30년 후에는 큰 차이가 나는 것을 알게 될 것이다.

20~30대에게
연금 상품이 왜 필요한가

누군가는 20~30대에게 연금저축이 왜 필요한지 묻는다. 그보다 앞서 할 일이 얼마나 많은데 말이다. 상황적으로 맞는 것 같으나 잘 생각해 보면 조금은 맞고 많은 부분은 틀리는 말이다. 국민의 생존과 안정된 생활의 보호막이 되어야 할 국가는 저출산과 고령화라는 큰 산 앞에 가로막혀 체제 유지도 벅차게 될 것이 다가오는 우리나라의 현실이다.

경제적 자립을 해나가지 못한다면 길어지는 생명은 구차하고 고통스러운 시간으로 채워질 것이다. 이러한 문제점을 알기에 국가는 소득이 발생하면 스스로 노후를 준비해 나갈 수 있도록 세제 혜택을 주고 특화된 상품에 가입해 노후를 준비해 나가도록 멍석을 깔아주고 있다.

대표적으로 해마다 납입액에 대해 최대 900만 원까지 세액공제를 해주는 상품은 연금 상품 말고는 없다. 그러나 대부분 연금 상품은 일정한 나이가 경과하거나 연금으로 받기까지 인출을 제한해서 필요할 때 사용하지 못하고 목돈을 묶어두어야 한다. 이러한 점을 고려해

20~30대에게 경제적 기반 마련과 노후 준비에 활용 가능한 상품으로 두 마리 토끼를 잡는 방법은 무엇일까?

경제 초년생, 시작이 중요하다

바둑의 시작 단계에서 포석이 중요한 이유는 대국 중반부터 판을 자기에게 유리하게 이끌어 나갈 수 있도록 거점을 확보함으로써 대국에서 유리한 진지를 만들 수 있기 때문이다. 경제적 초년생인 20~30대에게도 생애 목표를 달성해 나가려면 수입이 발생하는 단계에서 초석이 중요하다. 즉 수입이 발생하면 어떤 생각과 마음으로 시작하느냐가 추후 경제적 생애 설계에 중대한 영향을 미치게 되기 때문이다.

목돈을 마련하고자 무턱대고 적금이나 펀드에 가입하기보다는 목표를 정하고 목표에 맞는 금융상품을 활용하는 것이 당장 수익을 조금 더 얻는 것보다 훨씬 중요하다. 이는 마치 단거리 달리기에 임하는 것과 장거리 마라톤에 임하는 전략이 다른 것과 같은 이치다. 그중 연금 상품은 세테크와 노후 자금 마련에 필요한 재테크를 효과적으로 할 수 있는 좋은 수단으로 가치가 높다.

그러나 연금 상품에 가입한 직장인을 대상으로 연금 가입 동기를 설문조사 한 결과 20~30대에게는 당장 중요하거나 필요하다는 인식이 낮아 관심이 없거나 모른다는 대답이 일반적이었다. 연금을 마련하려는 목적보다는 당장 세액을 환급받고자 연금 상품에 가입한다고 한 경우가 전체 응답자의 56%나 되었다. 상품에 대한 이해 없이 연금 상품에 가입하는 경우, 세액공제로 돌려받는 절세액이 문제가 아니라 추후 급한 마음에 연금 상품 중도해지를 하면 더 큰 손실을 볼 수 있다는 사실을 알아야 한다.

금융기관의 분석자료에서도 연금 가입자 10명 중 3~4명은 중도해지 경험이 있는데, 그 이유로 해마다 돌아오는 연말정산에서 세액을 환급받기 위해 일단 가입하고 보자는 생각으로 장기 계획이나 분명한 목표 없이 가입했기 때문이라고 했다. 20~30대에는 종잣돈을 마련하고자 저축의 비중을 높이는 데 초점을 두되 빨리 시작할수록 유리한 연금 상품도 일부 활용할 필요가 있다.

20~30대는 연 소득의 10% 범위에서 절세와 연금 재테크 목적으로 투자해 나가되 주거 안정 등 어느 정도 시급한 재무 목표가 달성된 후 노후 자금을 마련하기 위한 투자를 연 소득의 10% 이상으로 늘려나가는 전략이 권장된다. 20~30대의 연금 상품 활용 방안을 구체적으로 제시하면 다음과 같다.

첫째, 연금 가입으로 받게 되는 세액 환급액의 재투자

둘째, 과세이연에 따른 복리 투자효과 활용

셋째, 추후 연금으로 사용시 저율 과세 적용을 통한 실효 수익 높이기

넷째, 연금 재테크는 장기적 관점에서 투자가 이루어진다는 점에서 시간의 힘을 활용해 성장 가능성이 큰 국가나 유망업종 ETF, TDF 등에 투자함으로써 변동성 위험을 분산하고 기대수익을 높여 노후에 필요한 목돈을 효과적으로 만들어 가는 것

20~30대가 연금 상품을
활용해야 하는 이유

20~30대는 대부분 연 납입액의 16.5% 세액 환급을 받을 수 있고 환급액을 재투자했을 때 투자 원금과 투자수익 외에 세액 환급이라는 별도 추가 수입을 안정적으로 확보해 나갈 수 있다.

예를 들어 월 30만 원씩 연금펀드에 가입했을 때 세액 환급액은 매년 59만 4천 원이고, 이를 50대까지 30년간 연 3.5% 정도 수익률로 재투자했을 때 30년 후 원금+운용수익 1억 9천만 원과 별도로 약 6천만 원의 추가 수익을 확보할 수 있다. 장기투자의 이점을 살려 유망국가 주가지수나 유망 성장업종의 ETF 등에 분산투자함으로써 운용수익을 높인다면 이보다 큰 연금자산을 안정적으로 마련할 수 있다.

일반 상품은 이자나 배당수익이 발생하면 즉시 각각의 이자나 배당소득세가 과세되지만 연금 상품은 운용수익(배당, 이자소득 등)에 대해 세금을 공제하지 않고 수십 년 뒤 연금을 수령할 때 연금소득세를 부과하기에 세금만큼 재투자되는 복리 효과를 활용할 수 있다. 과세이연된 연금소득세는 연금 수령 연령에 따라 일반 금융소득세 15.4%보다 낮은 3.3~5.5%의 저율 과세가 된다는 점도 연금 상품을 활용해야 하는 이유 중 하나다.

20~30대도 예외 없이 맞이하게될 노후와 노후에 필요한 자금을 마련하기 위한 저축은 일찍 시작하는 데서 실마리를 찾을 수 있다. '그때 가서 어떻게 되겠지'는 막연한 희망이고 그러한 희망은 대부분 막연한

상황을 맞이하게 한다. 운동에서 과부하의 원리처럼 어떤 목적의 저축도 여유가 있을 때 하는 것이 아니라 분명한 목표를 가지고 시작하면 그것이 나중에 종잣돈이 되고 기반이 된다.

보험회사에 다니는 지인의 부탁으로 월급도 얼마 되지 않을 때 울며 겨자 먹기로 가입했던 연금보험은 비록 수익률은 저조했지만 목돈이 되어 있어 노후생활 자금 마련 방안을 설계하게 된 현재 시점에서 그래도 참 잘한 선택이었다는 위안이 되고 있다. 연금저축은 하다가 중단하면 한 만큼 손해가 아니라 한 만큼 남는 것이라는 점을 명심해야 한다.

20~30대에 적합한 연금투자 상품을 추천한다면?

20~30대가 연금 상품을 활용해 투자하기 적합한 연금 상품으로는 확정 금리가 적용되는 안정성 중심의 상품보다는 장기적 투자 전략의 이점을 충분히 활용해 향후 성장 가능성이 높은 주식시장이나 업종, 기업의 성장효과를 향유할 수 있는 ETF(주가지수펀드)나 주식형 펀드, IRP 상품을 대상으로 매월 또는 분기 적립식 투자를 해나가는 것이 필요하다.

적절한 상품으로는 국내 설정 미국 S&P500 ETF, 중국의 불확실성에 반대급부를 받을 수 있는 인도 니프티50 ETF, 앞으로도 지속적인 성장업종이라 할 인공지능(AI), 자율주행, 최근에 조정을 보이고 있는 반도체, 항공우주산업 ETF도 매력적인 투자처가 될 수 있다. 아울러 주요 국가들이 대부분 노령화되고 있다는 점에서 실버산업과 헬스케어, 바이오테크 관련 ETF나 펀드에 지속적으로 적립식 투자를 해나간다면 지역 분산, 투자시점 분산, 종목 분산이 가능함으로써 위험은 줄이면서 기대수익은 높일 수 있다. 이는 필자가 국내는 물론 해외시장에 투자하는 적립식 펀드를 20년 이상 지속적으로 이용하면서 얻은 결과에 근거해 내린 확신이다.

주의할 점은 투자 대상 자산을 우량자산으로 선택해 투자를 시작했다면 시장의 변동으로 일정 구간에서 손실이 발생하더라도 그 이유가 펀드 개별의 문제가 아니라 시장의 하락에 따른 것이면 계속 적립해야 한다는 것이다. 주식시장은 경기 흐름과 투자자들의 투자심리에 따라 상승과 하락을 거듭하는 것이 일반적이며, 적정 가격보다 하락한 경우 적정 가격으로 회귀하는 원리가 작동하는 것은 물론 자산가치의 상승에 맞춰 성장 흐름이 이루어지므로 결국 수익은 발생하게 마련이다.

그러나 지나치게 높은 수익을 기대하고 변동성이 큰 시장이나 특정 자산에 몰아서 투자하는 유혹을 이기지 못한다면 성공 확률이 낮을뿐더러 투자 손실 또한 기대하는 수익률 이상으로 높기 때문에 위험이 높은 지역이나 변동성이 큰 자산의 투자는 지양해야 한다.

연금 담보대출 제도를 이용해
가능한 한 중도해지를 피하라

저축을 장기적으로 하다 보면 긴급히 자금이 필요할 수도 있으므로 장점이 많은 연금 상품을 활용하기 전에 반드시 인지해야 할 것이 있다. 연금 수령 목적이 아닌 경우 중도해지나 인출 시 불이익이 있으므로 일시적으로 자금이 필요하면 연금저축이나 IRP 담보대출을 이용할 수 있다는 것이다.

이때 금융기관에 따라 ETF나 MMT에 운용되는 경우라면 담보대출이 불가하므로 연금펀드나 예금으로 전환(1~3일 소요)한 후 대출이 가능하다. 금리는 일반 대출이자율 대비 상대적으로 낮게 적용되며 자금이 생기면 언제든 상환할 수 있고 대부분 금융기관의 경우 중도 상환에 따른 수수료가 적용되지 않는다.

40~50대,
연금 불리기에
집중하자

퇴직 후 별다른 소득이 없는 경우 주택의 다운사이징이나 주거지 변경 등으로 부채상환 부담을 없애고 주거 관련 비용을 최소화하며 건강보험료 등의 부담을 줄이도록 자산 구조조정을 해야 한다.

은퇴가 현실적으로 다가오는 40~50대는 소득도 가장 높아지는 시기이지만 자녀 교육과 부모 부양, 노후 준비라는 삼중고를 해결해야 하는 시기이기도 하다. 현재 우리나라 40대의 70%, 50대의 절반이 앞으로 한참 더 일할 수 있을 것으로 생각한다고 한다. 하지만 수명이 길어진 만큼 직장생활 기간이 길어진 것도 아니고 오히려 주된 직장에서 퇴직하는 연령이 빨라지고 있는 것이 현실이다.

예상보다 빨라질 수 있는 주된 직장 은퇴를 염두에 두고 자녀 교육비 등에 올인하기보다는 노후 준비의 마지막 골든타임이라는 경각심을 가지고 자신의 퇴직 후 생활 자금 마련을 우선순위 재무 목표로 삼아 재무 역량을 집중해야 한다.

핑계 없는 무덤이 없다고 하듯이 돈은 지출하고 나면 다 이유가 있게 마련이다. 돈을 길에다 그냥 버리는 사람은 없을 것이다. 따라서 무엇을 우선순위로 하고 제한된 자원을 어떻게 사용해 나가느냐가 커다란 결과 차이를 가져오게 한다.

최근 은퇴한 50대 이상을 대상으로 한 미래에셋 투자와 연금센터의 설문조사 결과, 아쉽거나 후회되는 것 1위가 주된 소득이 있을 때 경제적 은퇴 준비를 하지 못했다는 것이다. 여기에는 가입하고 있는 퇴직금계좌(DC, IRP 등)나 연금저축에 관심이 낮았거나 관리를 소홀히 했다는 것이 포함되어 있다. 다음으로 퇴직 후 일자리 준비, 건강관리, 취미, 여가 계획, 인간관계 등을 제대로 하지 못한 것 순으로 나타났다.

스스로 준비하지 않으면 애써 살아오느라 수고한 인생이 여유를 가지고 쉼을 누려야 할 때 더 힘든 세월을 보낼 수 있다. 40~50대 직장인의 경우 퇴직급여나 연말정산 등 절세 목적으로 가입한 연금 상품계좌에 어느 정도 자금이 모였을 것이다. 연금을 만들어가는 방법과 쌓여 있는 연금계좌의 적절한 운용 방법을 구체적으로 살펴보겠다.

연금 만들기,
꼭 명심해야 할 4가지

첫째, 소득의 15% 이상을 연금 목적으로 저축해야 한다.

40대에 들어서면 퇴직 예상 시기를 고려해 적어도 연소득의 15% 이상을 IRP나 연금저축 계좌를 활용해 투자해야 한다. 연금저축이나 IRP를 이용할 때 세액공제는 최대 900만 원까지만 가능하나 그외에 과세이연제도나 낮은 연금소득세 적용을 받을 수 있는 우대 혜택 금액, 즉 연금저축 납입 한도는 1,800만 원까지이므로 허용 한도를 최대한 활용하는 것이 연금자산을 효과적으로 늘려가는 방법이다.

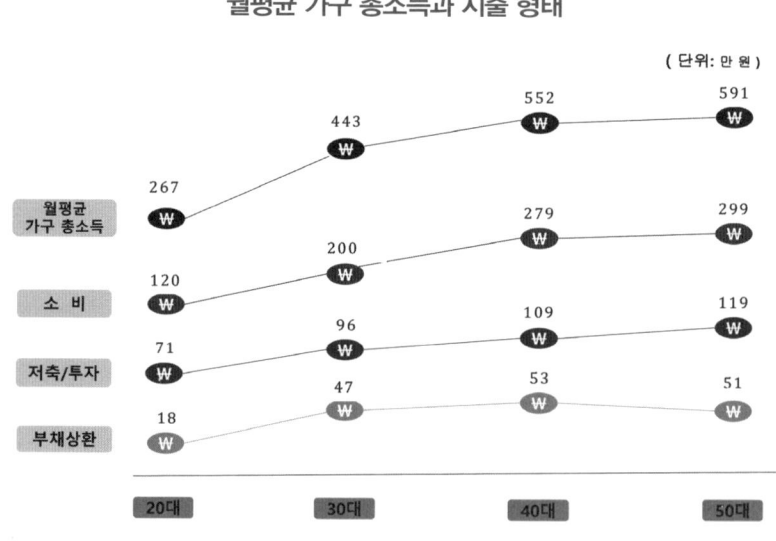

* 자료: 전국 20~64세 경제활동인구 1만 명 대상 금융기관 설문 결과, 2023

둘째, 투자자산을 적절히 활용해야 한다.

노후생활 자금을 마련하는 방법으로 가장 이상적인 것은 가능한 한 빨리 시작해 더 많은 금액을 저축하고, 적정 수익률을 추구하는 것이다. 늦어질수록 더 큰 부담을 안아야 하고 높은 수익률을 기대하려면 더 큰 위험을 감수해야 하기 때문이다.

연금시장이 주목받기 전에는 퇴직금 등 은퇴자금을 마련하기 위한 자산은 원금 손실이 발생하면 안 되기 때문에 안전자산으로 운용해야 한다는 연금 지키기 분위기가 일반적이었다. 그러나 시간이 지나 결과를 보니 그것은 잘못된 판단이었고 방법이었음이 확인되면서 연금은 지키는 자산이 아니라 키우는 자산이라는 인식이 높아졌다.

은퇴자금 마련에 관심이 높아지기 시작하는 40대의 경우 은퇴까지 남은 기간을 고려할 때 적게는 10년에서 많게는 20년까지 여유가 있으므로 장기투자 시 시장 변동 위험을 분산하고 기대수익률을 높일 수 있는 자산의 투자 비중을 높여 적극적으로 운용하는 것이 은퇴자금 마련에서도 좋은 투자 방법이라는 것을 시장이 확인해 주었다.

연금 상품 내 IRP의 경우 적립액의 70%까지, 연금저축의 경우 100%까지 투자자산으로 운용이 가능하므로 목돈 투자가 아닌 매월 적립방식으로 연금저축을 해나갈 경우 투자 타이밍이나 특정 펀드를 타깃으로 하는 투자 방식보다는 투자 기간 분산과 운용 대상 자산 분산, 국내 및 해외의 투자 대상과 지역 분산과 더불어 유망업종에 분산 투자를 해나갈 수 있다.

우량, 성장시장의 경우 일시적으로 주가 변동성이 발생하더라도 시간이 지나면 반드시 수익이 나는 기회를 맞이할 수 있었음을 기술적 분석자료들에서 확인할 수 있으므로 회귀의 원리에 근거한 투자자산 시장의 생리를 활용할 필요가 있다. K 은행이 발표한 실적에서도 알 수 있듯이 IRP 가입자 중 정기예금 등 안전자산으로 운용한 경우 2023년 말 기준 평균 3.62%의 수익률을 거둔 반면, ETF 등 투자자산으로 운용한 가입자들은 평균 13.32%의 수익률을 거둔 것이 일시적인 것이 아니라 장기적 관점에서 더 유효하다.

30년간 연금저축과 펀드를 운용해 온 필자의 연금저축이나 IRP 계좌를 살펴봐도 정기예금으로 운용한 경우에는 낮은 이율에 수수료까지 공제되어 실질 수익률이 2% 미만으로 물가상승률을 고려하면 마이너스 수익률과 다름이 없다. 그러나 연금저축에서 펀드로 운용 방법을 전환한 계좌는 증시의 상승과 하락의 반복 속에 최근 10년 평균수익률이 7% 수준이다. 이는 판단 오류로 손절매 원칙을 지키지 못해 손실이 많이 발생한 중국 시장 투자 펀드의 마이너스 수익률 실적을 반영하고도 남은 결과다.

글로벌 증시는 코로나19 이후 판도 변화가 명확해지면서 중국 시장은 침체에서 벗어나지 못하고 있고, 미국 시장과 중국 고립의 반사이익으로 날개를 단 인도, 베트남 등 신흥시장은 전 고점 갱신을 거듭하였다.

향후 반드시 시장의 조정이 있을 것으로 예상된다는 점에서 적립된 목돈은 당분간 고금리 확정형 상품의 자금 운용 비중을 높이고, 시장이 조정될 때 성장성이 높거나 안정적 성장을 기대할 수 있는 시장과 자산의 비중을 높여나가는 전략이 유효할 것으로 판단된다. 이러한 시장에서도 적립식 투자는 장기적 관점에서 지속해 나간다면 기대수익을 높여나갈 수 있다.

그러나 투자자산으로 IRP나 연금저축을 운용하는 경우에는 반드시 관심을 가지고 주기적으로 관리해야 한다. 관리할 시간이 없거나 성격상 관리가 되지 않는 가입자는 어느 정도 알아서 관리해 주는 연금전용펀드인 TDF나 확정금리형 상품 등을 적절히 활용하는 것이 오히려 도움이 될 수 있다.

셋째, 자산의 구조와 구성 내용을 리밸런싱해 연금자산 비중을 높여야 한다.

50대에는 소득이 정점에 달하기도 하지만 오히려 줄어들거나 주된 직장에서 은퇴하게 되어 소득이 단절되는 경우가 일반적이다. 다른 소득이 없다면 퇴직이 가까울수록 손실 발생 가능성이 있는 투자자산의 비중을 줄여 위험을 관리해야 하고, 부채를 보유한 투자용 부동산이나 주거용 부동산의 경우 임대수익이나 다른 소득으로 부채 원리금 감당에 부담을 느낀다면 매각하여 원리금을 상환하고 잉여자산을 연금자산으로 전환하는 것도 적극 고려해야 한다.

현재의 자산 가격을 기준으로 과거와 같은 부동산 가격의 상승은 기대하기 어렵고 오히려 주거용 부동산의 경우 강남, 마포, 용산, 성동 등 수요가 꾸준하거나 재개발 예상 지역 또는 일자리가 늘어나 인구 유입이 지속되는 지역이 아니라면 향후 발생 가능성이 높은 가격 하락 리스크를 대비하여야 하기 때문이다.

송파구 방이동에서 20여 년을 살아온 최 부장(59세)은 지난해 36년간 다니던 직장에서 은퇴하고 새로운 직업을 찾고 있으나 마땅한 곳을 찾지 못하고 있다. 특별히 노후 준비를 해놓은 것은 없고 퇴직금은 중간 정산을 받아 일부는 주식에 투자해 손실을 입었고 일부는 주택자금 대출을 상환한 상태다. 퇴직하면서 받은 퇴직금 규모는 중간 정산으로 1억 원 정도밖에 되지 않는다. 건강보험료와 생활비 조달 등이 녹록지 않자 최 부장은 가족을 설득해 아파트를 매각한 뒤 주택 규모를 줄여 수지로 이사했다.

송파 아파트 매각과 수지 아파트 매입 차액은 기존 아파트 대출 잔액 상환 등으로 5억 원이 조금 넘는 수준인데 머지않아 결혼할 딸의 결혼 자금과 주거 지원 자금으로 2억 원을 사용할 예정이고, 나머지 3억 원과 퇴직금 1억 원은 IRP 계좌에 예치해 노후생활 자금으로 사용할 계획이다. 국민연금이 나오기까지 5년 정도 남은 기간에 매월 300만 원 정도를 수령할 수 있도록 하고 국민연금을 받기 시작하면 매월 100만 원씩 받도록 설계함으로써 85세까지는 그럭저럭 생활비 조달에 문제가 없도록 해놓았고, 85세 이후는 현재가치 200여 만 원 정도인 국민연금에 의존해야 한다.

일단 최 부장의 신속한 의사결정, 즉 상황을 고려한 자산의 리밸런싱 전략은 별다른 소득이 없는 상태에서 높은 건강보험료 부담이나 생활비 조달에 따른 비용 발생 문제를 해결하고 안정적으로 생활해 나갈 수 있도록 했다는 점에서 의미가 있다.

우리나라 주요도시 50대 가구의 평균 자산 규모는 5억 5천만 원이며 이 중 부동산 등 실물자산이 4억 5천만 원 수준이다. 자산 규모는 OECD 평균에 떨어지지 않지만 사용할 수 있는 자산이 부족해 노후생활 수준은 OECD 기준 노인빈곤율 1위의 불명예를 벗어나지 못하고 있다.

따라서 퇴직 후 별다른 소득이 없는 경우 주택의 다운사이징이나 주거지 변경 등으로 우선 부채상환 부담을 없애고, 주거 관련 비용을 최소화하는 방안을 찾는 것은 물론 불필요한 비용을 줄여 새는 돈을 막고, 보유재산에 근거해 부과되는 건강보험료 등의 부담을 줄일 수 있도록 자산 구조조정을 해야 한다. 돈을 버는 방법으로 수입 창출만 생각할 것이 아니라 기회비용을 줄이고 새는 돈을 막는 것도 중요한 방법이라는 점을 생각해야 한다.

넷째, 퇴직금은 노후연금으로 운용되고 사용될 수 있어야 한다.

퇴직금을 일시금으로 수령한 10명 중 4명은 퇴직금을 IRP 계좌로 입금한 후 55세 이후부터 연금으로 받으면 퇴직소득세를 30~40% 덜 내게 된다는 사실을 알지 못하거나 관심이 없다고 한다.

필자 주변에도 퇴직금을 IRP로 받자마자 일시금으로 인출해 높은 수익률을 기대할 수 있는 자산에 투자해 노후생활 자금으로 사용하겠다고 했던 선배, 동료가 여럿 있었다. 하지만 대부분 성공하지 못하고 원금손실을 입거나 자금이 투자처에 묶여 후회하는 사례를 심심치 않게 보고 있다. 내가 하면 뭔가 잘될 것 같다는 막연한 긍정 심리는 전문 투자집단이나 시장을 이기지 못한다.

결국, 원금손실은 물론 절세 혜택마저 스스로 포기함으로써 이중으로 손해를 보는데, 이는 퇴직금으로 시도할 자산 증식 방법으로 가장 위험한 것이라 할 수 있다. 즉 퇴직금을 투자해서 돈을 더 많이 벌겠다는 생각은 확실히 봐둔 투자 대상, 즉 면밀히 검토한 자산 또는 전문지식으로 준비한 상태가 아니면 남의 말을 듣거나 막연한 기대감으로 시도하지 말라는 뜻이다. 소득이 단절되고 연령이 높아진 퇴직 후의 손실은 회복할 기회가 극히 적거나 없기 때문이다.

40~50대에 적합한 연금 상품을 추천한다면?

원금손실 위험에 민감한 경우

IRP 내 2금융권 정기예금과 원금보전 추구형 채권형 펀드가 적합하다. 2금융권 정기예금은 시중은행 정기예금 대비 적게는 0.3%, 시장 상황에 따라 많게는 1.0%대의 높은 수익률 적용이 가능하다.

퇴직연금으로 가입하는 2금융권의 정기예금은 일반 금융거래에서 보장되는 원리금 보장한도 5천만 원 외에 별도로 5천만 원까지 보호받을 수 있으므로 잘 알지도, 들어보지도 못한 저축은행이라 하더라도 불안해하기보다는 보장되는 금액 범위에서 금리가 높은 저축은행 정기예금을 선택하는 것도 좋은 방법이라 할 수 있다.

적극적인 자산 운용으로 예금 수익률보다는 높은 수익률을 얻고자 하는 경우

최근 연금저축을 안전자산 위주에서 투자 상품으로 운용이 활성화하면서 퇴직연금 전용 펀드가 다양해졌고, 투자 상품 이용자들도 크게 증가하고 있다. 더 높은 수익을 얻으려면 위험도 수용해야 하는데 개별 위험과 시장 위험을 모두 무력화하는 가장 확실한 방법은 바로 시간 분산과 투자 대상 분산이다. 이로써 시장의 변동성을 가장 잘 활용할 수 있는 장기투자 상품인 퇴직연금이나 노후생활 자금 마련을 위한 투자에서 가장 높은 효과성과 효율성을 도모해 나갈 수 있다.

분산이 가장 잘되어 있는 상품이 바로 글로벌 멀티에셋펀드나 ETF인데 개인이 시장 정보나 전문지식 부족에 따른 판단력 부족 등을 감안할 때 잘 알지 못하는 시장이나 상품에 투자하는 것보다 객관화된 펀드를 이용하는 것이 정보의 비대칭을 최소화하는 안전한 상품선택 방법이 될 것이다.

IRP나 연금계좌를 활용해 매월 적립식이나 거치식으로 연금 마련과 운용을 해나가는 경우 추천하고 싶은 펀드는 다음과 같다.

- TIGER 미국 S&P500 ETF
- 리츠 부동산 인프라 ETF, 맥쿼리 배당 ETF
- 유망 ETF를 투자 대상으로 하는 TDF
- AI, 반도체, 자율주행 ETF → 장기적립식 투자 적절
- 미국 30년 국채 액티브 ETF
- ISA 계좌를 활용한 펀드 및 ETF 투자 등

투자 대상 자산을 선정할 때 1가지 유의할 점은 전망이 좋은 업종이나 투자 대상이라 하더라도 수익 실현이 가시화되지 않은 자산에 막연한 기대감으로 투자하는 것은 적절치 않다는 것이다. 관심과 기대로

단기적 상승은 가능하나 기업의 수익이 뒷받침되지 않으면 그 업종이나 기업의 주가는 투자자들의 인내심이 바닥나면서 반드시 하락하게 되어 있기 때문이다.

종신으로 연금을 받고자 하는 경우

최저금리 보증부 연금보험(현재 5~8%), 비과세한도(1억 원) 내 즉시연금에 가입할 수 있다. 이전보다 빠르게 평균수명이 증가하는 상황을 감안할 때, 즉 장수하게 될 때 종신연금의 수익률은 수명과 비례하기 때문에 오래 살게 될 가능성을 생각한다면 적극 활용해 볼 가치가 있는 상품이다.

대표적 상품 유형으로 최저금리 보증부 변액연금 상품은 투자위험이 적고 높은 수준의 확정금리 보증부 상품으로 종신토록 연금을 받을 수 있는 장점과 사망 시 사망보험금이 지급되는 특징이 있다.

과거 고금리 시절 7% 수준의 최저금리 보증 보험상품이 판매되었는데, 당시에는 시장금리가 높아 제시된 수익률이 그다지 매력적이지 못했으나 2000년 초반부터 저금리 시대에 접어들면서 상황이 바뀌었다. 20여 년간 지속된 저금리로 상품에 보증금리로 가입해 두었던 분들은 7% 수익률이 지속 적용되어 대단히 만족해하고 자랑삼아 얘기하는 것을 요즘도 듣고 있다.

현재의 높은 보증금리가 막대한 시중 유동성 등에 따라 장기적 관점에서 금리하락으로 이어질 가능성을 고려할 때 장기적으로는 매력적으로 작용할 여지가 크기 때문에 장기 생존 가능성이 있고 안정적이며 종신으로 생활 자금을 확보해 나가고자 한다면 최저금리 보증부 연금의 활용도 좋은 선택이 될 것이다.

다만 종신으로 세금 없이 연금을 받으려면 가입 후 10년을 유지하거나 거치기간을 통해 10년 유지 조건을 채워야 하며, 가입 후 유지기간이 길수록 장기 유지 우대율이 적용되어 많은 연금을 받을 수 있으므로 종신연금의 활용도를 높이려면 가능한 한 이른 나이에 최저금리보증 변액연금에 가입해 두는 것이 은퇴생활 자금 확보에 용이하다.

그러나 보험의 한계는 알고 가입해야 한다. 처음에 정해진 보험료를 가입 기간에 동일하게 불입하듯이 한번 정해진 연금은 동일한 금액으로 종신토록 지급되고, 가입 시점부터 25년은 지나야 장기 유지 우대로 연금액이 더 높아지는데 물가상승률을 감안할 경우 연금 수령 시점에 받게 되는 연금액은 동일 금액에 대해 현재 느끼는 가치 대비 현저히 낮을 수 있으므로 오래 살게 될 상황에 대비하는 연금 상품 포트폴리오 중 하나로 활용하기에 적절할 것으로 판단된다.

60~70대, 배당형 펀드로 연금 받자

투자한 자산에서 발생하는 배당금으로 노후생활 자금을 충당해 나갈 수 있는 배당형 펀드는 상대적으로 변동성이 낮고 회복탄력성이 높으며 높은 수익성을 기대할 수 있다.

주 소득원이 단절된 후 대부분 퇴직자는 국민연금을 받을 때까지 소득 공백기를 거치거나 소득 창출을 위해 일자리를 찾지만 마땅한 일자리를 찾기가 쉽지 않다. 연금 준비를 해놓지 못했다면 모아놓은 자금을 사용하거나 IRP 등 퇴직 계좌를 활용해 생활비 조달을 위한 현금흐름을 만들어 나가야 한다. 수입 없이 지출해야 하는 심적 부담감으로 더 높은 수익이나 더 높은 이자율에 귀를 기울이게 되며, 이러한 심리를 이용해 투자를 가장한 투기 유혹을 가장 많이 받는 연령대가 60

대이기도 하다.

그러나 제도권에서 벗어난 고수익 보장이라는 투자 유혹은 투자자의 부족한 지식이나 정보로 알 수 없는 것일 뿐 반드시 높은 리스크를 동반한다.

소득이 있을 때는 손실이 발생해도 메울 기회가 있지만 소득이 단절된 후에는 손실이 발생하면 회복할 방법이 없으므로 은퇴 시점에서 무엇보다 중요한 자산관리 원칙은 원금손실 발생위험을 최소화해야 한다는 것이다. 하지만 원리금이 보장된 상품은 수익률이 낮아 생활비를 마련하기 어려우므로 원금을 찾아 써야 하는 상황이 발생한다. 이러한 상황을 고려할 때 적절한 대안은 안정성이 어느 정도 담보되면서 상대적으로 높은 수익성을 확보해 생활비를 조달해 나갈 수 있는 투자형 상품을 이용하는 것이다.

참고로 60대 이상의 경우 노후생활 자금의 운용 형태를 분석한 미래에셋 투자와 연금센터 자료에 따르면, 60% 정도가 안전자산으로 운용하면서 생활비를 조달하고 40% 정도는 투자자산을 이용하고 있는 것으로 나타났다. 적절한 방법은 위험 성향에 따라 3~5년 안에 받아야 할 연금이나 금융자산은 안전자산으로 운용하고, 3년이상 장기적 관점에서 사용 예정 자금은 원금 보전을 추구하면서 예금이자보다는 다소 높은 수익성을 확보할 수 있는 자산에 분산투자 하는 것이 노후 자산관리의 적절한 대안이 될 수 있다.

노후생활 자금을 조달할 목적으로 IRP나 연금저축, 퇴직금(DC) 등이 준비되어 있다면 이로써 노후생활 자금을 마련할 수 있겠지만 이러한 연금계좌가 없으면 일반 금융상품을 활용해 매월 또는 정기적으로 노후

생활 자금을 마련하기에 적합한 상품으로 최근 많은 관심 속에 가입자가 늘고 있는 배당형 펀드와 수익 월분배형 ELS 상품 등을 들 수 있다.

월 배당금
ETF 활용하기

우리나라의 경우 월 배당형 ETF가 도입된 것은 2022년 6월이지만 투자자가 빠르게 증가하면서 노후생활 자금을 마련하려는 노년층은 물론 젊은 층의 재테크 수단으로 많이 이용되고 있다.

배당형 ETF도 편입자산이 주식이므로 주가 변동성에 영향을 받지만 월 배당 ETF가 출시된 이후 인기를 얻는 이유는 첫째, 시장 불확실성이나 변동성에도 안정적 배당으로 현금흐름을 확보해 나갈 수 있고 투자한 주식의 가치가 상승하면 원금에 대한 투자 수익도 누릴 수 있다. 둘째, 배당주기가 짧아 배당금을 재투자함으로써 복리 효과를 활용할 수 있다. 셋째, 국내는 물론 우량자산에 투자하는 배당형 ETF가 다양하게 상장되어 있는 해외시장을 활용해 투자자의 선택 폭이 넓다.

ETF는 주식과 동일한 방식으로 거래되며 주식처럼 상장되어 있다. 국내에 상장되어 있는 대표 상품으로는 TIGER 미국 S&P500 배당 귀족 지수로 최근 25년 동안 배당을 꾸준히 늘려온 종목들을 편입하고 있는 것이 특징이다. S&P500에 편입된 종목들은 대형주들로 글로벌 시장에서 어느 정도 시장점유율을 확보하고 있어 안정성이 상대적으로 높고 지속적으로 배당을 늘리는 기업들이기 때문에 주주가치를 중시하는 기업들이라고 할 수 있다.

KBSTAR 미국 S&P500 배당킹 ETF는 50년이라는 장기간 배당금을 늘려온 기업을 편입하고 있다. 분배형 ETF의 총수익률은 분배금+주가 상승에 따른 이익 또는 손실이다. 배당형 펀드로 국내의 많은 투자자가 가입하고 있는 미국시장 ETF의 경우 환율변동 위험에 노출되어 있는지, 환 헤지로 환율변동 위험을 제거했는지를 사전에 반드시 체크하고 투자해야 한다.

분배금 ETF의 분배 원천별 유형은 배당주와 커버드 콜, 리츠, 채권, 자산 배분으로 구분할 수 있는데, 운용사 자료를 참고해 유형별 특징과 활용 가치를 살펴보겠다.

배당주 월 분배 ETF

배당률이 높거나 배당금을 증액해 나가는 종목으로 펀드멘털이 좋은 배당성장 기업에 투자하며, 지수 상승과 배당을 동시에 추구하는 펀드로 분배 재원은 보유 주식에서 발생하는 배당금이다. 고배당주 ETF는 상대적으로 높은 배당을 기대할 수 있고 배당이 높은 주식은 일반적으로 우량기업으로서 위기에 강하다고 할 수 있는데, 기업의 펀드멘털과 위기 극복 능력이 강한지를 가장 쉽게 판단하는 지표중 하나가 바로 배당이기 때문이다.

또한 꾸준한 배당은 장기 성과를 개선하는데, 미국의 S&P500지수의 경우 지난 90년간 성과분석을 했을 때 자본차익과 배당수익의 비중이 6:4 수준으로 배당수익이 지수 상승에 따른 자본 차익 못지않게 장기 성과에 중요한 역할을 한 것으로 나타났다. 배당은 장기투자의 버팀목이 된다.

예를 들어 시장의 큰 조정으로 투자금에 20% 손실이 발생했을 경우 매년 7% 배당을 받을 수 있으면, 3년만 지나면 배당금으로 투자 손실을 회복할 수 있다. 참고로 배당이 높은 주식의 하락률은 상대적으로 낮으며, 주가가 하락하더라도 복원력이 높은 것으로 분석되고 있다.

배당주 ETF의 단점은 역시 기초자산이 주식이므로 투자 시점 대비 가치가 하락하면 투자 손실이 발생할 수 있으며, 배당이 높은 주식을 좇아 투자할 경우 주가 하락 시 주가 대비 배당이 높아지는 착시를 가져올 수 있다. 또 기업은 배당을 높여 투자자를 끌어모으고 갑자기 배당을 중단할 위험도 있다.

성장성이 높은 기업은 배당이 일반적으로 낮고 배당이 높은 기업은 성장성이 낮은 경향이 있어 주가 상승, 즉 자본이득(Capital Gains)이 상대적으로 낮을 수 있다.

커버드 콜 배당형 ETF

주식을 매수하고 동시에 콜옵션을 매도하는 방식으로 운용되는데, 이는 콜옵션 매도로 불확실한 미래의 주가 상승에 따른 자본 차익을 포기하는 대신 현재의 확실한 현금흐름을 확보하는 전략으로 지속적인 분배를 추구한다. 분배금 재원은 콜옵션을 매도하면서 얻는 프리미엄이 된다. 커버드 콜은 기초자산인 주식을 매수하면서 동시에 콜옵션을 매도하는 전략으로 콜옵션(Call Option)은 만기일 또는 만기일 이전에 기초자산을 정해진 행사가격으로 매수할 수 있는 권리를 말한다.

콜옵션 매도자는 만기에 주가가 상승할 때 콜옵션에서 발생하는 이익을 포기하는 대신 매입한 실물에서 수익을 취하게 되고, 반대로 만기에 주가가 하락하는 경우 매입한 실물 주식에서 손실이 발생하는 것을 막을 수는 없지만 콜옵션 매도 프리미엄을 취하게 되는 구조다. 따라서 커버드 콜 ETF는 주로 크게 상승할 이유나 하락할 이유가 없는 비교적 박스권에서 안정적으로 움직이는 종목을 타깃으로 해서 운용된다.

커버드 콜 월 배당 ETF의 단점은 매입한 기초자산(주식, 채권 등)의 가격하락 폭이 콜옵션 매도 프리미엄보다 클 경우 원금손실이 발생할 수 있다는 것이다.

리츠(REITs) 배당형 ETF

부동산 자산을 활용해 안정적인 임대수익을 원하는 투자자들을 대상으로 투자자금을 모아 부동산이나 관련 증권에 투자해 확보한 임대수익을 투자자들에게 배당하는 방식으로 운용된다. 소액으로도 전문적인 부동산 투자가 가능하고 공실이 감소할 경우 높은 수익성을 확보할 수 있으며, 펀드가 투자한 부동산의 가치가 상승한 상태에서 매도할 경우 시세차익에 대한 배당도 받을 수 있다.

부동산 직접투자 시 발생하는 취득세, 종합부동산세 등 보유세와 양도소득세 부담 없이 리츠 ETF 매매차익은 비과세되기에 세제 측면에서도 유리하다. 시중의 자금이 과도하게 공급되어 화폐가치 하락, 즉 인플레이션이 예상될 때 실물 가치 상승의 효과를 높일 수 있다.

단점으로는 투자한 부동산에 공실이 발생해 임대수익이 하락할 경우, 금리급등으로 차입 비용이 증가할 경우 리츠 가격은 하락하게 되며 배당수익도 감소하게 된다는 것이다.

채권 배당형 ETF

상대적으로 안정성이 높은 국내외 국채나 회사채 등에 투자해 안정적인 이자수익과 금리하락 시 발생하는 채권매매 차익을 기대할 수 있으며, 배당금 분배 재원은 보유채권에서 발생하는 이자가 된다. 채권배당형 ETF는 채권 발행 시점에 금리가 결정되므로 미래의 현금흐름 예측이 가능하다.

금리가 오를 경우 자본손실이 발생할 수 있으나 만기까지 보유하면 손실 없이 원금과 이자를 받을 수 있는 만기매칭형 ETF를 선택하면 금리상승에 따른 손실 발생을 막을 수 있다. 또한 월 배당형 ETF 중 회사채나 하이일드 ETF는 높은 이자율로 지급받을 수 있으나 경기 악화 등으로 기업 상황이 나빠지는 신용리스크가 발생하면서 발행 채권에 대한 원리금 상환 능력이 떨어질 때 투자 손실이 발생할 수 있다.

요즘과 같이 금리가 높게 형성되어 있으면 향후 금리의 추가 상승 가능성보다 장기적 하락 가능성이 높다는 점에서 채권투자 펀드는 이자 수익과 더불어 채권매매 차익도 기대할 수 있다. 단점으로는 금리형 상품으로 월 분배금이 적은 편이며, 회사채나 하이일드 채권에 투자 시 원금손실 발생 가능성이 있다는 것이다.

월 배당형 ETF는 용도에 따라 매월 생활비 조달 목적으로 활용하거나 ETF 분배금을 재투자해 복리 효과를 활용하고자 하는 경우 적합하다. 생활비 조달을 목적으로 배당형 ETF를 활용하고자 한다면 배당률과 배당성장률이 높은 배당 ETF나 커버드 콜 전략으로 연간 예상 배당률을 높일 수 있는 상품을 선택하는 것이 적절하고, 분배금을 재투자해 복리 효과를 누리고자 한다면 S&P500 같은 대표지수형 ETF나 테마형 ETF 투자가 적절하다.

분배금을 활용하기 위해 살펴보아야 할 사항은 분배율과 배당 안정성, 주가 성장성 3가지다. 기준가에서 분배금이 차지하는 비율인 분배율은 높을수록 투자 금액 대비 높은 현금흐름을 확보할 수 있고, 배당 안정성이 높을수록 안정적 분배가 지속되기 때문이다. 분배율이 높으면서 성장률이 높은 것은 희소하지만 강세장에서 성장세를 누리고 싶다면 분배금이 다소 적더라도 성장성이 높은 ETF를 선택해야 한다.

월 지급식 ELS의 장단점을 알아두자

한동안 은퇴 생활자들에게 인기를 끌었던 월 지급식 ELS(Equity-Linked Securities)는 제시 금리가 높고 기초자산으로 정하는 개별 종목의 주가나 인덱스 지수가 큰 폭으로 하락해도 사전에 정해진 폭까지만 하락하지 않으면 안정적으로 원금을 보장받으면서 매월 높은 수익을 분배받을 수 있어 많은 인기를 누렸다.

하지만 홍콩 H지수가 편입된 ELS에서 큰 폭으로 손실이 발생하면서 이를 이용했던 은퇴생활자들이 많은 어려움을 겪는 모습을 또다시 보게 되었다. 월 지급식 ELS의 경우 만기가 정해진 폐쇄형 파생상품으로 기초자산인 주가지수(코스피200, 닛케이225, 유로스톡스50, S&P500 등)나 증권사가 주로 취급하는 개별 주식 종목(3개 종목 내외)의 주가가 30~50% 이상 하락(동시 충족 조건)하지 않으면 높은 수익률로 월 수익금을 배분받을 수 있도록 설계된 상품이다.

그러나 우리나라 시장에서 안전해 보이는 ELS, DLS 구조의 상품 유형이 큰 폭으로 손실을 초래한 사례는 많다. 2008년 금융위기 때 필자는 같은 유형의 상품으로 큰 어려움을 겪은 적이 있어 상품 구조를 철저히 이해하는 기회가 있었고, 이후 아무리 구미에 당기는 조건이 제시 되어도 ELS 상품은 파생결합으로 만기가 정해져 있다는 점에서 다시는 취급하지 않았다.

이 정도 수익구조면 안전하겠다 싶어 고객들에게 권유했으나 전쟁, 금융위기 등 예상치 못한 어떤 이슈가 만들어지면서 하락하기 시작한 주가는 상식이나 전문가들의 증시 전망에 전혀 개의치 않고 하락하는 것을 체험하면서 바닥은 고사하고 지하실 밑에 광천수가 있다는 사실을 일깨워 주었다. 만기가 보통 3년인데 '3년 안에 설마 거기까지 빠지겠어'라고 생각한다면 큰 오산이다. 열 번 수익을 실현한 후 한 번의 손실은 열 번의 수익을 상쇄하고도 남을 정도로 타격이 큰 경우가 많다.

현재도 북한, 중동 문제, 중국과 대만의 전쟁 가능성 등 지구촌에는 언제든 큰 문제가 발생할 소지가 있고 어떤 리스크가 새로 대두될지 모른다. 주식형 펀드 등 오픈형 펀드와 다른 것이 ELS는 파생 결합증권으로 만기가 정해져 있어 만기에는 반드시 청산된다는 것이 모든 문제의 시작과 끝이다.

만기를 정하지 않으면 그런 수익구조가 나올 수 없다. ELS의 상품구조가 과거보다 좋아졌고, 수익구조가 착한 상품으로 포장되어 있지만 여전히 기대수익 대비 감당해야 할 리스크가 크다. 만기가 정해진 파생상품으로 만기 시점의 주가 하락은 어떤 이유로든 얼마든지 발생할 수 있으므로 금융기관 직원이 수익구조가 좋다며 아무리 가입을 권해도 노후 자금을 운용하기에는 적합하지 않다는 점을 짚어주고 싶다.

ETF와
TDF/TIF,
어떻게 투자할 것인가

> 연금 마련을 목적으로 하는 펀드 투자는 지수를 추종하는 펀드를 우선 고려하되 성장 가능 업종과 성장 가능 시장의 선택에 더 집중하는 것이 안정성 확보와 수익률 확보에 한 걸음 더 가까이 가는 길이다.

퇴직금 중간 정산금이나 그동안 적립해 온 연금이 IRP 계좌나 DC형 퇴직연금 계좌, 연금저축계좌 등에 목돈으로 쌓여 ETF나 TDF/TIF 등 투자형 상품에 투자하고자 할 때 투자 시점과 투자 방법을 궁금해 하는 분들이 많다.

TDF의 최근 기간별 수익률을 살펴보면 많은 펀드가 안전자산인 정기예금으로 운용한 수익률보다 3배 이상 높은 수익률을 실현하고 있음을 알 수 있다.

목돈, 어떻게 운용할 것인가?

현재 판매되고 있는 TDF 운용성과(예시)

상품명	펀드 유형	펀드 투자 등급	수익률(연환산수익률, %)				총 보수 비용 (연, %)	운용사
			1개월	3개월	6개월	12개월		
KB다이나믹 TDF2050 증권투자신탁 (주식혼합-재간접형) C.퇴직e 수수료미징구 - 온라인 - 퇴직연금	재간접 투자	높은 위험	0.42 (4.91)	8.18 (32.83)	16.10 (32.11)	19.77 (19.72)	0.587	KB 자산 운용
신한마음편한 TDF2050 증권투자신탁 (주식혼합-재간접형) (C-re) 수수료미징구 - 온라인 - 퇴직연금	재간접 투자, 주식 혼합형	다소 높은 위험	1.46 (17.15)	7.71 (30.91)	15.75 (31.42)	17.34 (17.29)	0.773	신한 자산 운용
KCGI프리덤 TDF2045 증권투자신탁 (주식혼합-재간접형) C-Pe2 수수료미징구 - 온라인 - 퇴직연금	재간접 투자, 주식 혼합형	보통 위험	2.06 (24.25)	10.87 (43.61)	18.34 (36.58)	17.06 (17.01)	0.614	케이씨 GI 자산 운용
미래에셋전략배분 TDF2045 혼합자산투자신탁 C-P2e 수수료미징구 - 온라인 - 퇴직연금	주식 혼합형	다소 높은 위험	1.84 (21.67)	8.60 (34.51)	15.88 (31.67)	17.30 (17.25)	0.770	미래 에셋 자산 운용

펀드와 같은 투자형 상품을 이용할 때 높은 기대수익률 이면에는 장미의 가시와 같은 위험이 도사리고 있다. 가시가 있다고 모두 장미꽃을 멀리하지는 않는다. 그렇다면 투자 상품을 이용하고자 할 때 수

익률과 위험 중 먼저 무엇을 고려해야 할까? 많은 투자자는 수익률을 먼저 머리에 떠올릴지 모르지만, 투자는 수익률이라는 생각으로 접근하면 위험이라는 가시에 찔려 애써 모아 투자한 자산을 까먹는 낭패를 볼 수 있다.

무언가를 놓치거나 유행에 뒤처진다는 생각에 사로잡힌 포모족(FOMO)의 사고로 남들이 수익을 많이 보고 있다는 데 자극받아 묻지도 따지지도 않고 귀동냥으로 투자 상품을 이용하고자 한다면 성공할 확률보다 실패할 확률이 높다. 지피지기(知彼知己)를 하고 이용해야 잘 다룰 수 있고 이로써 애초의 투자 목표를 달성할 수 있다. 투자 상품 이용 시 기대수익을 확보하면서 위험 문제도 해결할 수 있는 방식이 계속 강조하는 분산투자다.

위험이라는 큰 돌덩이를 쪼개어 별로 무게감이 없게 하는 작업이 적립식이나 분할투자를 이용한 투자 시점 분산이고, 상관관계가 낮은 자산이나 시장에 나누는 자산 배분 방식의 투자다. 자산 배분은 내가 맡긴 자금을 어떤 주식, 채권 등에 배분해 투자할지 결정하는 포트폴리오 투자를 의미한다. 연금 상품 가입자들이 상품에 대해 잘 알기는 해야 하지만 전문가까지 될 필요는 없다는 점에서 이러한 배경을 바탕으로 만들어진 상품이 바로 TDF 같은 연금 전용 펀드라고 할 수 있다.

펀드는 한번 투자한 자산을 끝까지 가지고 가는 것이 아니라 시장 흐름에 따라, 투자자산 상황에 따라 주기적으로 최적화한 포트폴리오로 재조정된다. 이러한 펀드의 운용 전략으로 연금펀드는 단기적 접근보다 장기적 관점의 투자가 가능하도록 운용 원칙을 세우고 운용 관리를 해야 한다. 투자자산을 이용한다는 것은 단순히 단기 성과를 목표로 하는 것이 아니라 장기적 관점에서 접근해야 한다. 이러한 이론적 배경을 바탕으로 구체적 투자 방법을 살펴보자.

목돈을 운용할 때는
분할 투자 하라

펀드는 국내와 해외의 주식시장 상황에 따라 투자 성과가 크게 달라질 수 있는데 시장 리스크 관점에서 목돈을 투자하고자 하는 시점의 주식시장이 고평가되거나 과열되지는 않았는지 살펴야 한다. 가장 좋은 것은 주가가 저점일 때, 즉 투자 타이밍을 잘 잡아 투자하는 것이지만 적정 투자 타이밍을 잡는다는 것은 일반투자자들에게는 매우 어려운 일이고 그동안의 성과 분석에서 성공 확률도 높지 않다는 사실이 확인되었다.

따라서 최근 국내외 시장의 주요 이슈를 살핀 후 리스크를 줄이려면 3~5회 정도 투자 시점 분산 전략을 활용하는 것이 일반투자자가 목돈을 일시에 투자할 때 발생할 수 있는 리스크를 줄이는 좋은 투자 방법이 될 수 있다.

또한 무엇보다 중요하게 고려할 사항 중 하나는 어떤 펀드를 선택할 것이냐는 문제다. 현재 ETF는 물론 TDF나 TIF 상품이 다양하게 출시되어 있는데 상품을 선택할 때 운용사에 따라 성과가 다르고, 투자자산의 구성 내용에 따라서도 다르기 때문에 신중하게 선정할 필요가 있다. 상품을 선정할 때 고려 사항을 살펴보면 다음과 같다.

첫째, 기간별 운용수익률이 벤치마크(비교 가능한 유사펀드나 지수) 대비 안정적이고 높게 실현하고 있는가?
둘째, 펀드 내 구성 자산 내용과 분산이 잘되어 있는가?
셋째, TDF/TIF는 내 연령대와 이용 목적에 맞는 상품인가?
→ 연령대별 투자자산 비중 조절과 연금 인출이 일어나기 때문
넷째, 보수와 수수료의 수준이 높지 않은가?
장기투자를 해나가는 상품이기 때문에 보수율이 높으면 수익률에 미치는 영향이 커지게 된다.

ETF나 TDF/TIF 펀드는 인터넷 뱅킹이나 금융기관 창구를 방문해 가입·해지할 수 있고 ETF는 주식과 동일하게 거래할 수 있으며, TDF/TIF는 일반 펀드와 거래 방식이 동일하다.
펀드 판매사를 찾아 상품에 대한 설명을 듣고 실제 가입은 인터넷으로 편리하게 할 수 있는데 이 경우 낮은 운용수수료를 적용받을 수 있는데, 이는 장기 투자 상품의 경우 수수료율이 펀드의 수익률에 미치는 영향이 상대적으로 크기 때문이다.

매월 적립식으로
연금 마련 저축을 해나가는 경우

예금은 맡기는 순간부터 맡긴 기간에 비례해 지급이자가 계산되지만, 투자자산은 투자 후 가치가 상승하거나 배당 등 이익이 나야 수익이 발생한다. 개별 주식의 경우 적정 투자타이밍을 찾아 투자하는 것이 투자 성공의 중요한 포인트라고 할 수 있으나 장기 적립식으로 투자하는 펀드는 투자 타이밍을 찾기보다는 빨리 시작하고 꾸준히 투자하는 것이 더 중요하다.

적립식 투자는 시장의 변동성을 적절히 활용해 매입 단가를 낮추는 효과(Cost Averaging Effect)를 활용할 수 있고, 장기 분할 투자가 이루어지므로 주가 예측이나 투자 시점을 예측할 필요도 없이 바로 시작할 수 있다.

활용하고자 하는 ETF나 TDF 등의 펀드는 장기적 관점에서 적립식으로 투자하는 전략이므로 성장성이 있는 시장이나 업종을 선택해 꾸준히 투자한다면 수익을 얻을 기회가 반드시 오며, 적정 목표 수익률을 관리한다면 노후 자금을 좀 더 효과적으로 만들어 나갈 수 있다. 가입자도 열심히 일해서 돈을 벌고 적립한 돈 또한 매입한 자산의 가격 상승으로 수익을 창출함으로써 시너지를 내도록 하는 투자 방법이라 할 수 있다.

ETF, TDF 펀드 선택 시 체크해야 할 사항

펀드를 이용하는 목적은 분산해서 리스크를 줄이고 세계적 우량기업이나 성장시장에 투자해 가치 상승에 따라 발생하는 수익을 얻으려는 것이다. 이미 경험했고 현재도 경험하듯이 우량주식을 사놓고 장기 보유한다고 해서 수익률이 보장되는 것은 아니다. 그래서 개별 종목보다는 전문가 그룹을 활용해 펀드 투자를 하는 것이 유효하다.

그러나 연금펀드나 IRP 등 연금 전용 계좌를 활용한 노후 자금 마련 목적의 펀드 선택은 수시 가입과 해지가 이루어지는 단순 수익률 추구 펀드 투자 전략과 다소 차이가 있다. 연금펀드는 단기수익률을 추구하는 종목의 투자 펀드보다는 장기적 관점에서 위험을 더 효과적으로 분산시키고 성장성이나 배당 성향이 안정적으로 지속 가능한 시장의 ETF를 활용하는 것이 투자 효과를 높일 수 있고 안정적인 수익률 달성에도 효과적이기 때문이다.

상품 선정에서 먼저 고려할 사항을 살펴보면 다음과 같다.

투자 목적
꾸준한 배당이나 성장성, 또는 2가지 모두를 추구하는가?

투자 대상
업종이나 산업 등 특정 자산군 또는 어느 나라에 투자하는가? 단순

지수를 추종하는 펀드인가 아니면 적극적으로 운용되는 펀드인가?

가입 펀드 선정에서 단순 주가지수를 추종하는 펀드냐 아니면 펀드매니저가 자신의 운용 능력을 최대한 반영해 높은 성과를 추구하는 방식의 펀드, 즉 펀드매니저에게 운용 재량권이 많이 부여된 액티브 펀드냐를 선택해야 한다. 연금펀드 시장이 발전한 미국에서는 지수를 추종하는 펀드나 지수를 투자 대상으로 하는 TDF에 투자하는 사례가 많다.

지수를 추종하는 펀드는 지수 상승분에 준하는 수익률을 얻는 한계가 있지만 펀드 운용에 특별한 노력이 필요하지 않고 지수를 추종하는 방식이므로 보수가 낮지만 이는 장기투자 시 수익률을 확정적으로 개선하는 효과가 있다. 이론상으로는 펀드매니저의 운용 능력에 따라 수익률이 결정되는 액티브 펀드가 더 좋은 성과를 낼 것 같으나 수십 년의 경험상 지수를 추종하는 투자, 즉 패시브 펀드 수익률을 이기는 경우는 많이 접해보지 못했다.

따라서 연금 마련을 목적으로 하는 펀드 투자는 지수를 추종하는 펀드를 우선 고려하되 성장 가능 업종과 성장 가능 시장의 선택에 더 집중하는 것이 상대적 안정성 확보와 수익률 확보에 한 걸음 더 가까이 가는 길이 될 것이다.

운용 성과에 주목하자

벤치마크(참조지수) 대비 중장기 펀드 운용 성과는 어떠했는가? 벤치마크 수익률을 상회하는가?

연금펀드의 경우 벤치마크 수익률 비교는 주식투자 비중이 유사한 상품 중 장기투자 상품인 만큼 3년 이상 장기수익률도 비교해 보는 것이 좋다. 누적수익률과 연 환산수익률, 단기적으로는 3개월, 6개월, 1년 수익률 등이 대부분 공시되므로 비교해 볼 수 있고 수익률 변동성이 단기적으로 큰 펀드는 단기 변동성에 노출되어 불안감이 커짐으로써 지속적으로 유지해 나가기가 어려울 수 있으므로 투자 비중을 조절할 필요가 있다.

또한 펀드 수익률이 벤치마크 수익률을 추종하지 못할 경우 운용 능력이나 수수료율, 자금의 신규 유입과 유출 흐름 등이 영향을 미칠 수 있으므로 이를 살펴보고 운용 성과가 상대적으로 낮은 펀드는 비중을 줄이거나 갈아타는 전략이 필요하다. 펀드도 될성부른 펀드와 그렇지 않은 펀드는 설정 후 대부분 일정 기간이 지나면 드러나기 때문이다.

위험과 보상 수준

위험 수준이 감내할 정도인가?

펀드의 가격 구조와 보수를 반드시 확인해야 하지만, 무엇보다 가입자의 투자성향에 맞는 펀드를 선택하는 것이 중요하다. 투자는 예상 밖 손실을 가져올 수 있고 심리적 타격이 커서 투자 손실에 따른 피해보다 큰 정신적 고통을 겪을 수 있기 때문이다. 위험 수준과 성향, 수익률 등은 투자설명서 또는 운용사의 자산운용보고서에서 확인할 수 있다.

TDF나 TIF의 가장 큰 단점은 운용·관리 수수료가 높다는 점이다. 따라서 TDF 펀드보다는 수수료가 낮은 ETF를 담은 TDF 중 적정 상품을 선택해 투자한다면 높은 수수료 문제를 해결할 수 있다.

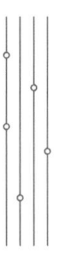

경제적 독립을 위한
연금 만들기
포트폴리오

연금자산을 만들기 위한 포트폴리오는 연령대별, 투자성향별 상황에 따라 구성해야 하고 위험 없이 수익에 기여할 수 있는 세제 혜택을 최대한 활용해 나갈 수 있도록 만들어져야 한다.

연금 상품 가입자에게 주어지는 세제 혜택과 연금 상품의 개별 특성을 활용해 노후 자금을 효과적으로 마련할 수 있는 아이디어를 얻고자 연령대별, 상황별 포트폴리오 구성 시 활용할 수 있는 포인트를 중심으로 연금 만들기 포트폴리오를 다음과 같이 구성해 볼 수 있다.

20~30대를 위한
연금 상품 활용하기

소득수준
과세 대상 소득이 일정액 이상으로 장기저축 가능 수준

가입 상품 및 금액
연금저축(펀드 자산 투자), IRP, 월 20만~50만 원 수준 저축

가입 목적
세제 혜택, 장기 적립식 투자 효과, 연금 상품의 복리 효과(해외 ETF 외) 등 활용

활용 포인트 3가지
- 당장 세액 환급을 목표로 하지 말고 재무 목표의 우선순위를 고려해 장기 저축이 가능한 금액 투자 → 중도해지 시 절세 효과보다 큰 손실 발생 가능
- 장기 적립식 투자이므로 성장성이 높은 산업의 ETF나 성장시장 지수에 투자하는 ETF를 선택해 투자함으로써 위험 분산과 고수익 기대 가능
- 연금저축은 필요시 일부 인출, 중도해지, 담보대출이 가능(ETF 운용시 담보대출 불가)하며, 필요시 중도해지 가능. IRP는 정해진 사유

에 해당하지 않을 경우 중도해지와 담보 대출이용 불가

40대를 위한
연금 포트폴리오 예시

- 현재 40세, 60세 은퇴 예정
- 연소득 8천만 원, 배우자 소득 없음
- 노후 자금 마련 저축 가능액 월 100만 원, IRP 가입 잔액 4억 원

상품명	가입명의	금액	연 세액 환급액
IRP	남편 명의	월 500,000원	1,188,000원
연금저축	남편 명의	월 250,000원	
	부인 명의	월 250,000원	없음
국민연금(임의가입)	부인 명의	(월 100,000)	

연금저축
미국 S&P500 또는 액티브형 ETF

IRP
안전자산 30%(저축은행 정기예금), 70%(미국 30년 국채 ETF 50%, AI, 자율주행,

반도체 등 4차 산업 ETF 50%)

활용 포인트

- IRP 운용자산 중 미국 30년 국채 ETF는 현재 금리가 역사적 관점에서도 높은 수준이라고 할 수 있고 장기적으로는 시중의 막대한 유동성으로 하락세가 예상된다는 점에서 금리 하락 시 자본이득과 이자수익을 모두 취할 수 있는 장점 활용
- 연금저축 계좌는 펀드에 100% 자금 운용이 가능하므로 다소 적극적인 운용을 해나갈 수 있는 핵심기술주로서 성장산업인 인공지능(AI), 반도체, 자율주행 등 핵심 기술업종 ETF 운용에 장기 적립식 투자로 투자위험을 줄이면서 기대수익은 높일 수 있도록 함.
남편과 세액 환급 효과가 없는 부인 명의로 나누어 가입하도록 한 것은 세액 환급 가능액이 연 납입액 기준 900만 원이 한도이므로 나머지 300만 원을 가입 자격에 제한이 없는 부인 명의로 가입함으로써 연금 수령 시 연금소득세 절감을 할 수 있도록 함.
- 소득 없는 배우자의 국민연금 임의가입 우선(재원은 남편 명의 연금 세액공제 환급분) 남편 명의 연금 가입 세액 환급분은 부인 명의 국민연금으로 월 10만 원 임의가입 재투자 → 남편 은퇴까지 부인 명의로 20년 가입하면 종신토록 현재 기준 41만 원 이상 수령 가능하다. 다른 어떤 연금 상품보다도 운용에 대한 부담 없이 높은 환급률과 지급 조건(종신 지급) 기대 가능 → 동일 연금 수령 조건으로 공시이율 종신연금보험에 가입한다고 가정할 경우 월납 10만 원을 20년 납 5년 거치(국민연금 수령 시기인 65세 기준) 수령으로

가입하는 것보다 월등하게 유리
- 기존에 납입된 IRP 잔액 4억 원은 퇴직까지 기간이 많이 남아 있으므로 적극적으로 운용할 수 있도록 투자성향에 맞게 ETF 상품을 선택해 운용하는 것이 적절함.

40대 맞벌이 부부의 노후생활 자금 마련 전략 포트폴리오 예시

- 남편 근로소득 연 8천만 원, 배우자 5천만 원
- 연금 마련, 세액공제 목적으로 연 1,200만 원 저축 가능

  (국민연금, 퇴직연금 별도)

- 누구 명의로 얼마를 가입하는 것이 더 유리한가?

구 분	가입자 명의	연간 납입금액	환급세율	환급세액	기대효과
IRP	남편	1,500,000	13.2%	198,000	
	부인	3,000,000	16.5%	495,000	
연금저축계좌	남편	1,500,000	13.2%	198,000	
	부인	3,000,000	16.5%	495,000	
연간 납입액		12,000,000		1,386,000	

활용 포인트

- 연금 상품 가입 효과를 높이려면 부부 모두의 세액 환급액을 먼저 국세청 홈택스 시스템을 활용, 시뮬레이션해 보고 환급받을 세액이 있는 경우 세액 환급률이 높은 구간(16.5%)에 있는 부인 명의로 더 많이 가입하고, 연금소득세 등 향후 연금으로 활용할 것을 감안해 남편 명의로 일부 분할 가입 하는 것이 유리
- 부부가 나이 차가 있는 경우 연금 수령 시점을 고려해 분할 가입
  (세제 혜택을 받는 연금 상품은 만 55세 이후 연금 지급 신청 가능)
- IRP와 연금저축 각각의 특성(운용 대상 자산 범위, 담보대출 가능 등 유동성 여부 등)을 최대한 활용하기 위해 단일상품에 가입하지 않고 연금저축과 IRP로 나누어 가입

정년을 앞둔 55세의 은퇴자금 목돈 운용 포트폴리오 예시

- 현재 55세(58세 퇴직 예정), **퇴직 후 별다른 소득원 없음**
- 재산 상태: 예상 퇴직금 1억 5천만 원(DC형), IRP 1억 5천만 원
- 국민연금 수령 연령: 65세, 퇴직 후 7년간 소득 공백기 발생

구 분	금액	추천상품	기대효과
퇴직금(DC)	150,000,000	TDF, ETF	안정적 연금 증식
IRP	150,000,000	ETF, TIF	안정적 연금 증식, 퇴직 후 연금사용 및 잔여자산 적정 운용

활용 포인트

- 3년 후 퇴직 시 받게 되는 퇴직연금(DC형)은 TDF나 ETF로 운용해 연금 수령까지 남은 기간에 수익률을 제고하도록 하되 안정성을 높이고자 하는 투자성향의 경우 현재의 금리 수준을 고려할 때 향후 금리상승보다는 기준금리 인하와 시장금리 하락 가능성이 높다는 점에서 미국 국공채 ETF를 활용함으로써 자본이득과 이자 수익을 기대하는 것이 적절할 것으로 판단되며, 주식형 ETF로 운영하고자 하면 은퇴 시점에 맞게 위험자산 보유 비중이 조절되는 TDF를 활용하는 것이 적절할 것으로 판단된다.
- 현재 1억 5천만 원이 예치되어 있는 IRP는 퇴직까지 3년간은 원금손실 발생 가능성이 낮은 안정 성장형 수준의 상품을 이용하다 퇴직 시점에서 퇴직 후 별다른 소득이 없을 것으로 예상되고, 국민연금 수령까지 7년이라는 기간이 남아 있으므로 TIF 상품으로 전환해 퇴직 후 연금을 수령하면서 남은 잔액을 적절히 운용하도록 하는 것이 효과적으로 판단된다.

소득 공백기를 고려한 포트폴리오 예시

- 현재 45세 직장인, 연소득 1억 원
- 투자성향: 안정 성장형
- 노후 자금 마련 저축 가능액 월 250만 원, 여유자금 1억 원 노후 자금으로 활용 예정
- 만 55세 은퇴 예정, 65세 국민연금 수령, 10년간 소득 공백기 발생 예상
- 포트폴리오 예시

상품명	월 납입액	연간 불입액	환급세액	가입목적
IRP	450,000	5,400,000	1,188,000원	세액공제, 노후생활 자금
연금저축	300,000	3,600,000		세액공제, 노후생활 자금, 소득 공백기 활용자금
ISA	750,000	9,000,000	없음	소득 공백기 활용자금
최저금리 보증 변액 연금보험	1,000,000	12,000,000	없음	단리 8% 20년 보증, 노후생활 자금(종신 지급)
계	2,500,000	30,000,000	없음	
TDF		100,000,000	없음	소득 공백기 활용 자금

활용 포인트

- IRP는 장기 적립식 ETF나 TDF를 활용해 적극적으로 운용, 장기투자 효과 활용
- 연금저축은 증시 전망이 좋을 때 100% 주식형 상품에 자산 운용이 가능하고, 자금 필요시 중도 인출(세액공제를 받았을 경우 기타소득세 16.5% 부담)이 가능하나 IRP는 특별한 요건 충족이 되지 않을 경우 중도 인출이 불가하므로 소득 공백기 상황 대처에 용이
- ISA는 세액공제를 받을 수 없는 대신 발생 소득에 대해 연 200만 원에서 소득수준에 따라 최대 400만 원까지 비과세 혜택 활용이 가능하다. 소득 공백기 노후생활 자금으로 활용할 때 연금소득세를 적용받지 않으며 펀드, 예금 등 다양한 자산으로 운용이 가능해 자유로운 투자 선택으로 자금 운용의 유연성 및 실질 수익 제고에 활용하기 적합
- 연금저축이나 IRP 납입으로 환급받은 세액은 가욋돈으로 생각지 말고 ISA 등에 추가 투자
- 고령화 가속화 위험을 고려해 종신으로 연금을 받을 수 있는 최저금리보증부 연금 상품(비과세)을 활용하는 것도 좋은 방법이 될 수 있음. 장기유지 시 연금 지급률을 우대받을 수 있도록 연금 지급 설계, 사망 시 사망보험금을 받을 수 있음.
- 목돈 1억 원은 투자성향 고려해 글로벌 배당 우량기업 등에 투자하는 ETF에 가입, 정기예금+@의 수익률 추구

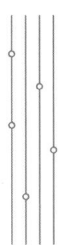

연금 마련
투자에도
궁합이 있다

투자는 정기예금처럼 예치하는 날부터 이자가 붙어나가는 플러스형 상품이 아니다. 수익률이 보장되지 않으며 수익은 고사하고 언제든 손실이 발생할 수 있으며, 궁합이 맞지 않을 경우 결국 가입을 후회하게도 만들 수 있는 상품이다.

포모(FOMO: Fear Of Missing Out)는 무언가를 놓치거나 유행, 사회적 행동에 뒤처지는 것에 대한 두려움과 그로써 스트레스, 소외감을 느끼는 현상을 뜻하고, FOMO족은 이에 해당하지 않기 위해 끊임없이 노력하는 사람들을 의미한다.

연금을 만들기 위한 저축을 포함한 재테크에서도 FOMO족이 많다. 계속 새로운 정보를 찾고 유튜브 쇼핑을 하고 좀 더 나은 수익률을 올릴 수 있는 방법이나 투자처를 찾는다. 그러나 재테크를 함에 있어 의욕과 열정만으로 돈을 벌 수 있는 것이 아니다.

무엇보다 먼저 투자하고자 하는 자산이 자신의 내면적 투자성향과 맞아야 하고 다음으로 관련 분야를 이해할 수 있는 지식이나 정보를 습득해야 하며, 성향에 맞는 방법과 상품을 찾아야 한다. 필자는 연금 마련을 위한 투자의 경우 장기간 저축이 필요하므로 정기예금과 같은 안전자산보다는 장기투자 시 효과를 극대화할 수 있는 펀드 상품 이용을 적극 추천한다.

그러나 이 방법이 누구에게나 맞는 것은 아니므로 각자 성향에 맞는 투자 수단과 방법을 선택하는 것이 중요하다.

나와 궁합이 맞는
투자 방법 찾기

부동산과 잘 맞기 때문에 부동산 투자에서는 한 번도 손해를 본 적이 없는데 주식이나 펀드 투자에서는 재미를 보지 못했다거나 주식투자가 체질에 맞아 주식투자로 부를 많이 얻었다는 경우, 주식에 직접 투자해서는 손해를 보았는데 그나마 펀드 투자를 해서 만회했다는 경우, 이도저도 아니어서 부동산 투자에서도 주식시장에서도 내가 투자만 하면 올라가던 가격이 떨어진다고 하는 경우 등 필자가 오랜 기간 고객의 자산을 관리하면서 접한 많은 고객 유형에서 재테크에도 개인의 성향에 맞는 궁합이 있다는 것을 경험적 통계로 정리할 수 있었다.

한동안 유행했던 MBTI나 혈액형 유형과도 상관관계가 있음을 알 수 있었다. 궁합은 시너지가 나는 조합을 의미한다. 자신의 성향과 맞지 않은 투자 수단인데도 남들이 해서 돈을 벌었다고 하니까 또는 높은 수익률이나 실적을 유치해야 하는 금융기관 직원의 계속 권유나 유튜브와 같은 정보 채널에서 계속되는 투자 유혹 등으로 이용하지 않으면 나만 손해를 보는 것과 같은 일종의 포모현상으로 투자 상품에 가입하는 분들이 적지 않다.

투자에서 궁합은 개인의 성향과 직결된다. 필자는 어떤 것과도 궁합을 맞춰본 적이 없지만, 적성에 맞는지? 진행 과정을 즐길 수 있는지? 성향은 어떠한지? 등을 짚어보고 시작한 일이나 관계는 결과적으로 실패한 적이 거의 없다.

바로 투자도 이러한 관점에서 자기 성향을 짚어보고 자신에게 맞는 투자 대상을 찾아 투자를 해나가야 한다. 금융기관에서 투자할 때는 주식시장이든 부동산시장에 투자하는 상품이든 기본적으로 위험 감수 정도에 대한 투자 성향을 의무적으로 측정·분석하고 적정 투자 가능 상품을 제시하게 되어 있다.

그러나 위험 성향 질문지가 보수적으로 되어 있어 내 위험 성향에 맞는 상품들은 대부분 기대수익률이 낮으며, 그것을 적용할 경우 투자 상품을 선택할 이유도 없어질 수 있는 수준이다. 투자의 목적과 효과성에 대한 기대감으로 자기 성향보다 더 수준 높은 투자가 가능할 수 있도록 결과를 바꿔가면서까지 위험 등급이 높은 상품에 투자하려는 가입자들도 많다.

하지만 수익률을 높이려고, 즉 예금 수익률로는 만족할 수 없어 펀드와 같은 투자 상품을 선택했는데 원하는 수준의 수익률이 실현되지 않거나 손실이 발생하는 경우 잠을 설치며 속앓이하고 스트레스를 받는 성향이라면 아무리 좋은 투자 수단이라도 이용해서는 안 된다.

투자는 정기예금처럼 예치하는 날부터 이자가 붙는 플러스형 상품이 아니다. 수익률이 보장되지 않으며 수익은 고사하고 언제든 손실이 발생할 수 있으며, 결국 가입을 후회하게도 만들 수 있는 상품이다.

투자 과정에서 발생하는 일들을 이해할 수 있고 투자 과정을 즐길 수 있는 상품이 바로 궁합이 맞는 상품이다. 은행이나 증권, 보험 등 대부분 금융기관에서는 프라이빗 뱅킹제도를 운영한다. 이곳을 이용할 수 있는 고객은 거래 규모가 일정액 이상이거나 오피니언 리더 등 영향력이 있는 이들이다. 금융기관에서는 특별 우대 관리로 이들의 거래 이탈을 방지하고 주변인을 소개받거나 거래 유치에 도움이 되도록 함으로써 우수고객을 유치하고 거래 실적을 높이고자 한다.

PB 고객들이 누리는 가장 큰 혜택은 나름대로 전문성을 갖춘 직원이 개별 관리하며 성향에 맞는 상품을 찾고 가입한 목적을 잘 달성하도록 세심하게 관리해 주는 맞춤형 서비스를 제공한다는 것이다.

이렇게 하면 투자에 따른 실패 확률을 줄일 수 있고, 좋은 투자 상품이 출시되었을 때 기회를 놓치지 않고 활용할 수 있다. 건강을 관리하려고 능숙한 주치의를 둔 것과 같은 개념이다. 이런 서비스를 받을 수 없다면 스스로 진단해 자신이 추구하는 바를 알고 성향과 목적에 맞는 상품을 이용함으로써 노후생활 자금 마련에 성공할 수 있도록 해야 한다.

지피지기 투자로 연금 투자에 성공하기 위해 성격유형과 행동 유발 요인, 심리 등에 근거해서 어떤 상품이 나에게 맞는지 파악할 수 있도록 그동안 필자가 관련 자료를 조사·연구한 내용을 소개한다.

MBTI를 활용해
투자 성향을 짚어보자

금융기관에서 하는 투자 성향 진단은 위험 감수 정도, 투자 가능 기간, 투자 목표 등을 파악하고 적합한 상품을 추천하는 것으로 개인의 성격이나 행동 유형, 상황 적응 능력 등은 반영되어 있지 않다. 이해를 돕고자 필자가 경험한 고객의 사례를 들어보겠다.

사례 1

대기업에 다니는 박 부장은 지인들에게서 주식시장을 이용해 높은 수익을 올렸다는 말을 들었다. 마침 정기예금이 만기가 되어 찾으려고 은행을 방문했다가 원금 3억 원에 대한 이자가 너무 적은 것을 보고 화가 많이 났다. 다른 사람들은 얼마를 투자해서 얼마를 벌었다는 등 귀에 솔깃한 말을 많이 들은 것 같았다. 박 부장에게 적합하다고 판단되는 포트폴리오 제시로 수익률을 높일 수 있는 방안을 설명했지만 박 부장은 3억원 모두를 고수익을 기대할 수 있는 위험등급이 높은 펀드에 모두 투자하길 원했다.

일부만 펀드에 투자하고 나머지는 다시 정기예금에 가입하자는 필자의 권유를 무시한 채 전액을 투자 상품으로 가입했다. 가입 당시 특별한 이슈가 없었던 증시는 보름이 채 되지 않아 글로벌 금융시장에 악재가 부상되면서 고객이 가입한 펀드뿐만 아니라 전반적으로 하락세가 이어져 가입한 펀드에서 원금손실이 발생했다.

투자해 놓고 기대감에 차 있던 박 부장은 원금손실이 발생한 것을 알고 스트레스를 심하게 받은 나머지 밤잠을 설친다고 했다. 필자는 추천 상품을 나름대로 연구를 많이 했기에 박 부장을 달래고 설득해 기다리게 했다. 하지만 박 부장은 한 달을 견디지 못하고 도저히 안 되겠다며 환매를 청구했다.

나중에 들은 바로는 부인이 돈도 좋지만 건강을 해칠 것 같으니 손해 보더라도 당장 해지하는 것이 좋겠다고 했다는 것이다. 투자 상품에 대한 이해 없이 수익률만 쫓은 것도 문제지만 기본적으로 성향에 맞지 않는 상품을 선택함으로써 이익을 얻기 위한 투자에서 오히려 손실로 끝나는 결과를 만들었다. 그분의 혈액형은 B형일 가능성이 높으며 MBTI는 경쟁심이 높고 선행동 후생각에 인내심이 적은 유형으로 분류되는 ENFP의 가능성이 높다.

사례 2

연구소에서 근무하는 이 박사님은 평소 점잖고 말씀이 적은 편이어서 상품을 권유하기가 어려운 분이었다. 게다가 매사에 꼼꼼히 따지다 보니 다른 직원이 투자 상품 권유를 포기하거나 아예 시작도 하지 못했다. 예금이 5억 원 정도 있었는데 상담에서 펀드 상품을 권유할 때

펀드의 수익구조, 운용사의 신뢰성과 운용 성과, 펀드 설정 규모, 시장 전망, 위험과 기대수익 등을 꼼꼼히 살펴보는 과정에서 관련 자료나 정보 등 근거를 찾아 설명해 드렸다. 그 결과 그동안 가입을 하지 않았던 펀드상품에 보유자금 중 2억 원을 투자했고 이후 시장이 변동성을 보여도 스스로 체크하고 살피면서 계속 유지한 결과 당초 목표 수익 이상을 실현했다.

그분과는 다른 지점으로 이동한 뒤에도 가끔 만나 식사하고 시장 이야기를 나누며 한 동안 좋은 관계를 이어나갔다. 성향과 투자의 관계에 관심이 있던 터라 혈액형을 여쭤보니 A형이라고 했고 MBTI는 ISTJ라고 했다.

성격유형과 투자 성향에 대해 시중은행(KB)에서 MBTI를 접목한 투자성향 테스트를 해서 고객의 성격유형에 맞는 상품에 투자해 성공률을 높이고자 한 적이 있다. 필자 또한 수십 년간 고객을 상담하면서 여러 고객 유형을 경험하고, 지인들을 대상으로 테스트했으며, MBTI 성향과 혈액형의 특징에 관련된 여러 자료를 참고한 결과 60~70% 정도는 신빙성이 있다고 판단했기에 여기서 소개한다. 물론 평균적 성향을 바탕으로 제시하는 것이므로 성향이 같더라도 결과는 얼마든지 다를 수 있다. 따라서 참고하는 정도로 자기 성향과 얼마나 유사성이 있는지 살펴보기 바란다.

MBTI 성격유형	투자 성향
INTJ, INTP, ENTJ, ENTP	〈돈이 생기면 투자하는 스타일〉 : 부동산, 주식, 펀드 등 대부분 재테크가 잘 맞는 스타일로 재테크에 능한 사람에게 많이 나타나는 유형
ISTJ, ISFJ, ESTJ, ESFJ	〈무조건 저축하는 스타일〉 : 부동산이나 예·적금이 맞는 유형
ISTP, ISFP, ESTP, ESFP	〈스트레스를 받으면 돈을 써야 풀리는 스타일〉 : 적금이나 예금을 해야 하는 스타일로 주식투자를 선호하나 성공 확률이 낮고 '영끌 투자'에 빠지기 쉬우니 주의해야 할 유형
INFJ, INFP, ENFJ, ENFP	〈아무 때나 돈 쓰기를 좋아하는 스타일〉 : 재테크에 관심이 없는 스타일로 투자 리스크가 없는 예·적금이나 원금손실 위험이 적은 배당형 펀드나 적립식 펀드, 인프라 투자 펀드 등이 맞는 유형

같은 유형이라고 해도 위험을 감수하는 정도나 융통성의 정도 등 개인의 경험이나 접해온 환경에 따라 차이가 있을 수 있다. 그러나 공통점이 많다는 점에서 참고하면 투자 실패를 줄이고 자신의 성격유형에 맞는 투자 방법으로 재무 목표를 좀더 효과적으로 달성해 나갈 수 있다.

투자의 귀재로 불리는 워런 버핏의 MBTI는 ISTJ라고 한다. 같은 맥락의 다른 자료를 참고하면 MBTI 구성요소 중 감각형(S)은 경험에, 직관형(N)은 느낌에 초점을 두는데, 감각형은 이미 객관적 자료가 충분하고 신뢰할 수 있어 위험을 줄일 수 있는 쪽을 선택하는 반면, 직관형은 앞으로 성장 가능성을 보고 투자하는 유형이라고 할 수 있다.

사고형(T)은 투자에서 분별력 있는 선택을 할 확률이 높아 투자에 성공할 확률이 높고, 감정형(F)은 사실보다는 정을 더 중요하게 생각하는 경향으로 투자에서는 사고형이 더 적합한 성격유형이라고 할 수 있다.

판단형(J)은 무슨 일이든 중장기적으로 계획을 세워 성장성이 높고 신뢰할 수 있는 업종이나 시장에 길게 보고 투자하는 스타일로 장기투자에 적합한 성격유형이라는 점에서 장기투자가 필요한 노후 자금 마련 투자를 가장 잘해나갈 유형이라고 할 수 있다. 반면 인식형(P)은 사실보다는 가능성에 초점을 맞춘 투자를 해나가는 스타일이라고 할 수 있다.

투자에서 가장 유리한 스타일은 ESTJ나 ENTJ라고 할 수 있는데 이는 유형상 유리한 체질을 가진 것이지 이러한 성향이고 있다고 해서 반드시 성공하는 것은 아니다.

혈액형에 근거한
투자 대상 찾기

개개인의 성향은 단순히 위험 성향 감수 정도만이 아니라 투자의 성패에 중요한 역할을 한다. 예를 들어 B형은 확신이 생기면 '몰빵'하는 스타일로 투자는 화끈하게 시작하지만, 관리에 약하고 뒷수습이 잘 안되며 나중에 원금손실이 발생해도 무덤덤하게 받아들이는 경향이 높다.

혈액형의 경우 성향상 평균적으로 그런 유형이 많다는 것이지 모두 그렇다고 단정 짓는 것은 아니다. 같은 혈액형이라도 많이 다를 수 있다는 점을 전제하면서 투자 경험이 있거나 새롭게 투자해 보려는 경우

지피지기 차원에서 참고해 실패를 줄이는 투자를 해나가길 바라는 마음으로 소개한다.

A형

A형은 세심하게 판단하고 결정하는 스타일로 남보다 한 번 정도 더 생각하고 투자나 환매를 결정한다. 조심스럽게 접근하고 신중하게 판단하며 주식이나 펀드 상품을 이용하는 경우 가장 성공 확률이 높은 성향을 지녔다. 큰 수익을 내지는 못하지만 손실률 또한 가장 낮은 유형으로 투자의 첫째 계명이라 할 '잃지 말 것'에 어울리는 유형이다.

A형은 돌다리도 두드리는 유형으로 안정적 투자를 선호하지만 투자 상품에 대한 관심과 투자 의지가 있는 사람은 신중한 접근과 관리로 수익실현 확률이 높은 것으로 분석되고 있다.

그러나 투자에 대한 사전지식이 없어 지나치게 조심스러울 경우 오히려 투자 상품에 거부감이 생겨 투자 상품 이용을 기피하는 경향이 있다. 이 경우 금융시장을 이해하고 시장경제 흐름의 구조를 먼저 파악해 사전지식을 갖출 때 성향과 조합을 이루어 투자 상품을 이용할 수 있다.

B형

B형은 좋은 주식이나 펀드가 나왔다는 확신이 들면 가지고 있는 돈을 다 긁어모아 투입하는 스타일로 연금 상품과 관련해 세액공제 혜택이 높다고 판단되면 마이너스 통장을 이용해서라도 세액공제를 받을 수 있는 한도까지 다 채우려고 한다. 쉽게 시작하지만, 끝을 보려는 강

단이 있고 주가가 빠지더라도 개의치 않고 기다리는 장점이 있으나 무모한 투자로 실패할 확률이 높은 유형이라고 분석되었다.

B형은 손실이 발생하면 손절을 잘하지 못하고 물타기를 하거나 묻어두는 방치형 투자를 할 가능성이 크므로 투자대상 상품을 선택할 때 적립식 펀드나 장기적으로 수익 발생 가능성이 큰 우량자산, 성장성이 높은 투자 상품을 이용하는 것이 그나마 성공 확률을 높이는 방안이다. 자기자금 외에 빌리거나 신용을 이용해 투자함으로써 큰 손실을 입을 수 있는 유형으로 이러한 투자는 반드시 지양해야 한다.

O형

'모 아니면 도'라는 식으로 판단하는 경향이 있는 O형은 저축과 투자에서도 자기 선호가 뚜렷하며, 투자 선호 유형의 경우 일단 주식을 사거나 펀드에 가입하고 보는 스타일로 투자한 후 사후관리에 관심을 잘 두지 않는 투자자들이 많다. 투자 후 손실이 발생하면 바로 팔고 나오는 경향이 있으며, 수익을 낼 때는 크게 낼 수 있지만 손해를 보는 경우가 다반사로 몰빵 투자의 또 하나의 유형이라고 할 수 있다.

참고로 O형과 B형은 투자형 자산을 이용해 성공하지 못할 확률이 높은 유형이라는 것을 통계 차원에서 볼 수 있으므로 안전자산 위주로 자금을 운용하든가 아니면 장기적 관점에서 적립식 펀드를 이용하면 성공 확률을 높일 수 있다. 또 목돈 투자는 약점을 보완하면서 투자 상품을 활용해 나갈 수 있는 관리 서비스를 받아야 애써 모은 돈을 잃지 않고 수익을 챙길 수 있다.

AB형

합리적이고 이성적인 유형으로 투자에 앞서 철저히 분석하는 스타일이다. 상품을 추천하면 스스로 분석해 보고 괜찮다고 판단되면 투자하는 성향이다. 손실이 발생해도 스스로 분석하고 판단해 합리적 의사결정을 해나가는 스타일로 투자 시 성공 확률이 가장 높은 유형으로 분류된다. 반면 AB형은 분석은 잘해놓고 실제 투자에 임하지 않는 경우도 많은 것이 특징이다. 지나치게 꼼꼼히 살피다 투자시기를 놓치는 경우도 많다.

정리하면 A형과 AB형은 정석 투자형으로 투자에 임할 경우 신중하고 합리적인 투자로 투자 성공 확률을 높일 수 있어 투자상품 활용과 궁합이 잘 맞는다. 반면에 몰빵형인 B형과 공격투자형인 O형은 시작은 거창하나 나중은 그다지 좋은 결과를 얻지 못하는 스타일, 일을 벌이는 데는 능하지만 뒷수습은 잘하지 못하는 유형, 대출이나 신용거래를 이용해 투자함으로써 손실 규모가 큰 투자자들의 비중이 높은 유형으로 분석된다. 따라서 자신의 취약한 부분을 보완하는 방법, 즉 전문가에게 맡기거나 성향에 맞는 상품을 선택하거나 의도적으로 관심을 가지고 관리하며 절제하는 것이 필요하다.

모두에게 중요한 것은 신중하게 판단해 상품에 가입하는 것도 중요하지만 적립식 펀드와 같이 구조적 위험관리가 이루어지는 분할 투자와 분산 개념을 제대로 이해하고 적용하는 투자로 위험을 줄이고 수익률을 관리하도록 해야 한다. 또한 투자 후 가입한 금융기관을 방문해 정기적으로 점검받음으로써 지속적으로 유지할지 비중 조절 등 리밸런싱을 할지 살피며 관리해야 한다.

노후 자금이라도 무작정 오래 투자한다고 해서 항상 플러스로 가는 것이 아니므로 목표수익률을 정해놓고 적정 수익률에 도달하면 수익을 실현한 뒤 시장의 큰 흐름에 따라 안전자산과 투자자산의 비중을 조절한다면 노후 자금을 좀 더 효과적으로 만들 수 있다.

연금 인출 순서에 따라 세금이 달라진다

연금의 인출에서 세액공제 혜택이나 과세이연 혜택이 적용된 연금은 매년 일정한도 이상 초과하여 연금을 수령할 경우 저율로 과세되는 연금소득세율을 적용받지 못할 수 있어 이를 고려하여 연금 수령이 이루어질 수 있도록 해야 한다.

연금계좌는 활용하는 방식에 따라 인출 시 적용되는 세율이 달라질 수 있다. 따라서 절세혜택을 적절히 활용하려면 먼저 연금 지급을 신청하기 전에 보유하고 있는 연금계좌 유형과 국민연금 등 공적연금 수령 예상 금액, 보유 금융자산 규모, 주택연금 이용 시 수령 가능한 연금액 등을 종합해 남은 은퇴 기간에 필요한 자금을 산출하고 조달 가능한 자금을 따져본 후 연금 잔액을 어떻게 안분해 받을지 결정하는

것이 중요하다.

이때 필요한 자금은 고정적으로 지출하는 고정비와 선택적·가변적으로 지출하는 변동비로 구분해 필요생활비를 책정하고, 가급적 고정비는 연금 수령 계좌를 이용해 안정적으로 확보하는 것이 좋다.

또한 대부분 퇴직자가 국민연금 수령 시까지 짧게는 5년에서 길게는 10년의 소득 공백기가 있으므로 이 기간에 어떤 자금으로 생활비를 충당할지 살펴보고 연금 수령 기간과 연금 수령 방법을 정해야 한다.

연금계좌에서 연금을 인출할 때는 적립 유형과 용도, 인출 금액과 방법에 따라 다른 세율이 적용된다. 따라서 인출 순서와 방법을 파악하고 세제상 불이익 없이 연금계좌의 활용도를 극대화하면서 연금을 받는 전략이 필요하다.

연금을 인출하는 순서, 알고 보면 간단하다

연금계좌에서 연금을 인출하는 순서는 가입자가 임의로 정하는 것이 아니라 이미 정해진 순서나 연금지급 한도에 근거하는데, 소득공제나 세액공제를 받지 않은 적립금을 먼저 지급한다.

다음에는 세제 혜택을 받은 계좌로 추가납입한 금액, 즉 세액공제는 받지 못했지만 발생한 수익에 대해 세금 이연효과를 활용하고자 연금계좌에 추가납입한 금액(연간 세액공제 한도는 900만 원이지만 1,800만 원 한도에서 추가납입 가능)을 지급한다. 그리고 IRP 계좌에 퇴직급여가 이체된 경우 퇴직급여를 지급 재원으로 사용한다.

그다음은 소득공제나 세액공제 혜택을 받은 원금이 인출되며 마지막으로 연금계좌에서 발생한 운용수익이 지급 재원으로 쓰이면서 연금계좌는 종결되는데, 연금 지급순서는 금융기관에 따라 고객의 편의를 위해 다르게 적용하는 경우도 있다. 세제 혜택을 받은 원금과 운용수익은 연간 1,500만 원 이내에서 연금 수령을 해야 저율과세(3.3~5.5%)를 적용받을 수 있고, 1,500만 원을 1원이라도 초과해 지급받을 경우 초과한 금액이 아니라 전체 받은 연금액에 대해 16.5%의 기타소득세 또는 종합소득세(6~46.2%)를 선택해 세액을 부담하게 된다.

따라서 연금계좌에서 연금액을 받을 때는 연금소득세 과세 대상 연금 잔액에 대해 연간 지급되는 연금 수령 한도를 넘지 않도록 기간을 안분해야 하며, 연금계좌가 여러 개로 나뉘어 가입되어 있는 경우 각각의 계좌에서 연금지급을 신청할 수 있으나 연금소득세 과세 대상 연금소득은 모두 합산해 계산되므로 이를 종합적으로 고려해 연금계좌의 연금 수령을 결정하는 것이 기회비용을 줄이고 연금 활용도를 높이는 방법이다.

연금 인출 시 또 하나의 규칙은 2013년 3월 1일 이전에 가입한 연금의 경우 연금 지급 기간이 5년 이상이어야 한다. 하지만 그 이후 가입된 모든 연금계좌는 해마다 연금 수령 한도 내에서 10년 이상 분할해 연금을 받아야 연금계좌에 부여되는 저율과세 혜택을 누릴 수 있다.

연금계좌 잔고를 '11-연금 수령연차'로 나눈 금액에 120%까지가 연간 인출 가능한 연금 한도이며 계좌가 여러 개인 경우 모든 계좌를 동일한 방식으로 계산해 연금을 받을 수 있다. 이렇게 받은 과세대상 연금액의 합이 연간 1,500만 원을 초과하지 않을 때 저율의 연금소득세를 적용받을 수 있다. 이때 과세 대상에서 제외되는 금액, 즉 세제혜택을 받지 않은 잔액은 포함되지 않고 소득공제나 세액공제를 받는 원금과 연금계좌에서 발생한 운용수익을 받은 금액에만 적용된다.

연금계좌(연금저축, IRP)에서 연금을 수령하고자 할 때 연금 인출 순서를 도표로 나타내면 다음과 같다.

연금계좌에서 연금이 지급되는 순서

세액 또는 소득공제 받지 않은 금액
- 소득공제나 세액공제를 받은 계좌나 IRP에 세액공제 한도 (900만 원)를 초과해 추가불입(연간 1,800만 원까지 납입 가능)한 연금 납입액이 있는 경우 우선 인출되며, 이때 원금 외에 운용수익금은 인출되지 않는다.
- 적용 세율: 과세 없음

퇴직연금
- 과세제외 대상 연금적립액에 이어 인출 순서가 되는 퇴직연금은 퇴직급여 자원을 기초해 연금이 지급되므로 퇴직소득세율을 적용받는다.
- 적용 세율: 퇴직소득세율의 70%(10년간 수령 시), 60%(10년 초과 수령 시), 수령한도 초과 시: 퇴직소득세율
  * 퇴직연금이 가장 먼저 지급되도록 하는 금융기관도 있음

세액공제 받은 금액
- 다음으로 세액공제를 받은 금액이 연금지급 자원으로 쓰이는데 이때 연간 수령 한도를 초과해 연금을 받게 되면 연금으로 받은 전액에 대해 16.5%의 세율 적용 또는 종합소득에 합산과세 되므로 과세대상 연금 수령액이 정해진 한도를 넘지 않도록 하는 전략이 필요하다.
- 적용 세율: 연간 1,500만 원 이내 수령 시(3.3~5.5%)

운용수익
- 마지막으로 원금이 모두 지급되고 나면 세제 혜택을 받는 운용수익에 대해 연금을 지급하면서 연금계좌 기능을 마무리하게 된다.
- 적용 세율: 연간 수령액 1,500만 원 이내(3.3~5.5%)

* 연금소득 저율과세가 적용되는 연금 수령액에는 국민연금이나 퇴직연금 등은 포함되지 않는다.

연금 수령 방법, 알고 보면 간단하다

연금의 인출은 오래 살게 될 위험을 먼저 고려하고, 70대부터는 생활비가 감소하는 지출 구조 그리고 물가상승에 따른 화폐의 구매력 하락을 감안해야 한다. 수익률에 따라 연금고갈 시기가 빨라질 수 있는 리스크가 있으므로 연금 수령이 시작되면 3년 안에 지급될 것으로 예상되는 자금은 안정성과 유동성이 확보되는 금융자산으로 운용하고 3년 이후 지급이 예상되는 연금 재원은 안정성을 기반으로 하면서 수익성을 적절히 추구할 수 있는 채권형 또는 주식편입 비중이 낮은 혼합형 상품에 투자해 연금 수령 기간에도 적정 수익을 확보해 나갈 수 있도록 해야 한다.

이는 연금지급 기간이 최소 10년 이상 계속되기 때문에 지급까지 기간이 아직 많이 남아 있는 재원은 적절히 운용되도록 하는 것이 연금 재원 소진을 조금이라도 늦추는 방법이기 때문이다.

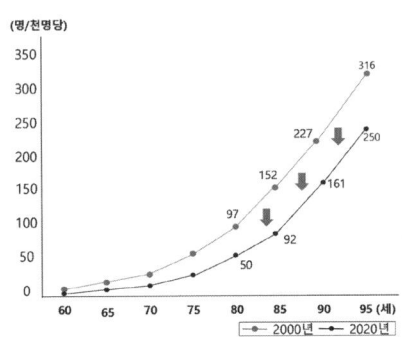

고령층 사망률 감소세

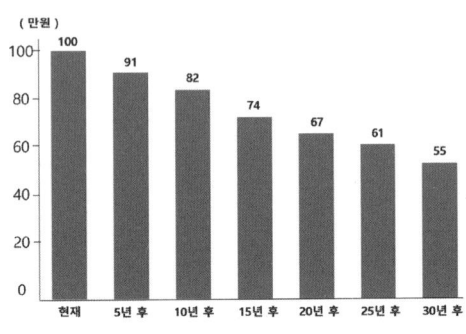

연 2% 물가상승 시 100만 원의 실질 가치

* 자료: 통계청

　연금 수령은 다양한 방법으로 할 수 있는데 연금저축에 해당하는 연금펀드는 10년 이상 수령 기간을 정해 매월, 분기, 반기, 연 단위로 지급을 신청할 수 있고, 수령 기간 중 수령 금액을 증액하거나 감액으로 변경해 받을 수 있다. 증액 시에는 연금소득세가 부과되는 연금소득이 연간 1,500만 원을 초과하는지 반드시 살펴보아야 고율 과세 적용을 피할 수 있다.

　연금보험의 경우 가장 큰 장점이라 할 종신지급형을 선택할 수 있고 지급 금액을 높이려면 10년 이상 수령 기간을 확정해 정해진 금액으로 받을 수 있다.

　IRP의 경우 연금 지급 방식은 금융기관에 따라 다소 차이가 있으나 금액 지정형과 연금 수령 기간 지정형이 있으며, 금액 지정형은 정액형, 체증형, 체감형으로 구분된다.

　정액형은 정해진 주기마다 동일 금액의 연금을 받을 수 있도록 하는 방식이고, 체증형은 일정 주기마다 연금액을 증액해서 받을 수 있는 방식으로 물가상승률을 반영해 연금의 구매력을 유지하도록 하는 방식이나 정액형에 비해 연금이 조기에 소진되는 문제가 있다. 체감형은 일정 주기마다 연금액을 감액해서 받는 방식인데 연금 개시 후 나이가 들면서 지출 감소가 예상되는 경우 활용하는 방식이다.

기간 지정 방식은 가입자가 미리 정한 기간에 일정한 주기(월, 분기, 반기, 연간)에 맞춰 연금을 수령하도록 하는 방식으로 정기형, 구간형, 연금 수령한도형 방식이 있다.

정기형은 정해진 기간에 연금을 지급하는 방식으로 일정한 기간 소득 공백기에 활용하기 적합하며 구간형은 연금 수령 구간(2~3구간)마다 연금 재원을 배분해서 연금을 지급하는 방식으로 특정 시기에 연금을 집중해서 수령하고자 할 때 활용하기 적합하다. 연금 수령한도형은 세법에 정한 연금 수령 한도에 맞춰 연금을 받도록 함으로써 절세 혜택을 구조적으로 활용하는 방식이다.

소득 공백기

국민연금에 가입된 경우 퇴직 후 국민연금을 받을 때까지 기간에 별다른 소득원이 없으면 그 기간에만 집중 연금을 받고 국민연금을 수령하기 시작하면 연금액을 줄여나가는 구간 지정형을 선택해 연금을 받도록 하면 효과적이다. 이 경우 연금지급액은 산출된 연간 수령 한도의 120%까지 받을 수 있다.

● 생애주기 지출 곡선

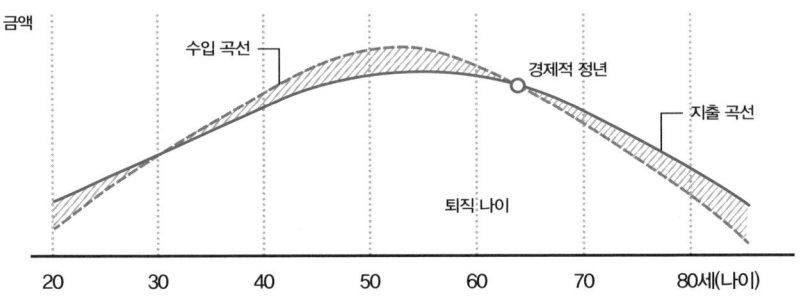

라이프 사이클의 지출 곡선에 근거할 때 70대부터는 평균인의 경우 여가생활 등 외부 활동 등이 줄어들면서 의료비는 다소 증가하지만, 그보다 생활비가 크게 감소하므로 60대에서는 연금소득세가 부과되지 않는 연금소득, 즉 퇴직급여나 과세 대상 제외 연금의 수령액을 최대한으로 하고, 이후 수령액을 낮추는 감액형 연금 지급 방식이나 구간형 연금 수령 방식으로 연금 수령액을 조절함으로써 연금의 활용 가치를 높일 수 있고 저율 과세 적용을 받도록 함으로써 연금자원을 효과적으로 활용할 수 있다.

연금은 세제 혜택이나 받고 묶어두는 자산이 아니라 세제 혜택은 물론 운용하여 적절한 수익률을 창출해야 하는 자산이다. 연금이 가지는 특성 중 하나인 장기상품이라는 족쇄를 역으로 수익을 내는 방편으로 삼는다면 시장 변동 리스크를 분산하여 투자위험을 줄이면서 기대수익률은 높여나갈 수 있다. 연금저축은 복리 효과를 활용해 투자해 나갈 수 있는 특징을 가지고 있다. 적극적인 운용이 이루어질 수 있도록 운용, 관리되고 있는 상황을 주기적으로 살펴봐야 한다. 알아서 크게 두는 것이 아니라 적절한 상품에 운용되고 있는지? 시장수익률 대비 실현수익율 수준은 어떠한지? 투자되고 있는 상품과 금리의 향후 전망은 어떠한지? 등에 대해 관심을 가지고 시장 상황에 맞게 조정해 나간다면 연금은 세제 혜택뿐만 아니라 적정수익 창출로 노후 자금을 보다 효과적으로 만들어 나갈 수 있는 유용한 세테크와 재테크 상품이 될 것이다.

5장

연금은 묶어두는 자산이 아니라 키워가는 자산

SUPER
PENSION

퇴직연금계좌(DB, DC, IRP) 실물이전제도 시행과 활용법

때마침 도입된 실물이전제도는 기존에 보유하고 있는 금융상품을 해지하지 않고 그대로 다른 금융사로 옮겨 보다 나은 수익률과 서비스를 이용할 수 있는 것으로 연금재산의 가치를 높이기 위한 전략으로 적극 활용해 나갈 필요가 있다.

퇴직연금계좌 실물이전제도란?

연금계좌의 수익률을 높이고 연금의 활용가치를 제고하는 방안을 제시하고자 하는 본서의 출간에 맞춰 시행되는 연금계좌 실물이전제도는 낮은 수익률과 적절한 관리서비스를 받지 못했던 연금가입자들에게 연금자산을 효율적으로 관리해 나갈 수 있는 기회로 활용할 수 있게 해줄 것이라는 기대감을 가져다준다.

퇴직연금계좌 실물이전 서비스의 핵심은 기존 상품을 해지하지 않음으로써 손실방지와 세금부담을 하지 않도록 하고 연금 가입자로 하여금 다양한 상품 선택을 할 수 있도록 하여 연금자산을 보다 유연하게 관리해 나갈 수 있도록 하는 제도적 서비스이다. 퇴직연금계좌를 거래 중인 금융기관(은행, 증권, 보험)에서 다른 금융기관으로 옮기고자 할 경우 계좌를 해지하여 현금화한 후 거래하고자 하는 금융기관에서 다시 계좌를 개설하여 재매수 과정을 거쳐야 했지만 이에 따른 번거로움과 기회비용(세금부담, 투자손실 또는 중도해지금리 적용으로 인한 손실 등)이 발생하는 관계로 거래 금융기관의 수익률이나 서비스가 만족스럽지 않아도 거래 금융기관을 바꾸는 일은 매우 불편하고 번거로워 그대로 유지해 나가야만 하는 경우가 많았다.

그러나 2024년 10월 31일부터는 계좌를 해지하지 않고 있는 그대로 관리능력이 우수하다고 판단되거나 다양한 금융상품을 갖추고 있는 금융기관 등 거래조건이 좋은 금융기관으로 이전하여 연금계좌를 관리해 나갈 수 있게 되었다. 퇴직연금 실물이전 서비스를 시행하는 것은 퇴직연금계좌(DB, DC, IRP)를 가입하고 있는 퇴직연금가입자의 선택권을 확대하고, 퇴직연금사업자인 금융기관 간의 건전한 경쟁을 촉진하여 퇴직연금계좌의 수익률을 높일 수 있도록 하기 위함과 서비스 개선을 위한 것으로 저조한 퇴직연금계좌의 수익률을 높여 퇴직금마련을 보다 효율적으로 해나가도록 하기 위한 것이다.

DC형(확정기여형)이나 IRP(개인퇴직연금 관리계좌)에 가입하여 다양한 투자상품에 투자를 하고 있는 상태에서 거래 만족도가 낮아 다른 금융기관으로 옮기고자 할 경우 해지하여 현금화를 해야 함으로써 세금 등 거래비용이 발생하고 예금의 경우 중도해지로 인한 중도해지 금리 적용이 이루어져 경제적 손실을 감내해야 함으로써 한번 거래하기 시작한 금융기관을 지속적으로 거래해야 하게 되는 것이 일반적이었다. 일부 금융기관은 퇴직연금계좌의 거래 이탈을 막고 계속적인 계좌 유지를 해나가기 위한 방법의 하나로 거래이전이 어려운 펀드나 투자형 자산으로 퇴직연금이 운용되도록 하는 경우 실적평가에 우대를 적용받을 수 있도록 해왔다. 그러나 이제부터는 해지를 하지 않고 계좌 내에 있는 실물자산을 새롭게 거래하고자 하는 금융기관에 그대로 옮길 수 있게 됨으로써 금융기관은 퇴직연금계좌의 금융투자자산 비중을 높이는 전략이 아니라 수익률을 높이거나 유용한 서비스 제공 등의 차별화 전략으로 기존고객들을 관리하고 신규 고객들을 유치하기 위해 경쟁하도록 한 것이다. 퇴직연금 가입자 입장에서는 선택의 폭이 넓어지고 금융기관 간의 거래유치 경쟁이 심화되면서 퇴직연금을 보다 효과적으로 관리해 나갈 수 있는 기회로 활용할 수 있게 되었다.

이전 방법

퇴직연금계좌를 다른 금융기관으로 옮기고자 하는 경우 옮기고자 하는 금융기관에 퇴직연금 계좌를 개설하고, 이전신청서를 접수하면 된다. 옮기고자 하는 금융기관에 이미 연금계좌가 있는 경우 새롭게 계좌를 개설할 필요 없이 이전신청만 하면 된다.

원리금 보장상품(예금, GIC, ELB·DLB 등), 공모펀드, ETF 등 주요 퇴직연금 상품은 대부분 실물이전이 가능하다.

다만, 실물이전은 동일한 제도 내(DB→DB, DC→DC, IRP→IRP)에서 이전 가능하지만 MMF나 주가연계증권(ELS), 리츠, 디폴트 옵션이 적용되거나, 보험계약 형태의 경우, 운용과 관리가 다른 형태로 관리되고 있는 경우, 기타의 경우에는 실물자산 이전이 불가능하고 종전처럼 해지한 후 현금화하여 이전이 가능하므로 퇴직연금 가입자는 실물이전 대상 및 상품 범위를 참고하여 보유한 상품의 실물이전 가능 여부를 미리 확인해야 한다.

또한, 퇴직연금 가입자는 본인이 운용 중인 상품이 실물이전 대상에 해당하더라도 이전을 희망하는 금융기관이 동일한 상품을 취급(line-up)하고 있어야 실물이전이 가능하다는 사실에도 유의할 필요가 있다.

즉, 가입자가 운용하는 다양한 상품 중 수관회사가 취급하는 실물이전 대상 상품은 해지 없이 이전이 가능하지만, 실물이전 제외 상품과 수관회사 미취급 상품은 기존과 같이 상품 매도 후 현금화하여 이전하여야 한다.

또한 대부분의 금융기관(은행, 증권, 보험)은 이전제도를 바로 이용할 수 있으나 일부 금융기관의 경우 시스템을 아직 갖추지 못해 내년 4월 이후 시스템을 갖춘 후 이용할 수 있다.

기대효과와
이전서비스 활용 방법

　제도 시행에 따라 최근의 금융기관 광고에서 볼 수 있듯 퇴직연금 계좌 유치를 위한 경쟁은 매우 치열해지고 있음을 알 수 있다. 이를 위해 금융기관들은 가입자들에게 더 좋은 상품을 제공하기 위한 상품 확보 노력은 물론 연금계좌 관리서비스의 질을 높이기 위한 다양한 전략이 나올 것으로 전망되고 있다. 그동안 은행권의 경우 증권사에 비해 ETF 등에서 다양성이 미흡하고 수익률이 낮았으나 실물자산 이전서비스 시행과 함께 기존고객 이탈방지와 신규고객 유치를 위해 다양한 상품을 갖추어 나가고 있음은 물론 서비스의 질을 높여나가기 위한 시스템 확대구축과 낮은 수수료율 적용으로 경쟁력 확보를 도모하고 있는 것으로 파악되고 있다.

　적절한 활용방법으로는 퇴직연금계좌 적용 수수료가 높거나 수익률이 지속적으로 저조한 경우, 시장상황에 따라 선택할 수 있는 상품이 다양하지 못한 경우, 실시간 매매가 제한적인 경우 종합적인 요건을 갖추고 있는 금융기관으로 실물이전 서비스를 활용하여 연금자산의 수익률 제고와 보다 나은 서비스를 이용해 나갈 수 있도록 하는 것이 적절하다.

　따라서 퇴직연금계좌 가입자는 가입하고 있는 자신의 계좌를 정기적으로 살피고 수익률이 저조하거나 관리서비스가 만족스럽지 않을 경우 유망한 상품을 활용할 수 있는 금융기관으로 이전하여 유망상품으로 갈아타는 전략 등을 통해 투자수익률을 높여나갈 수 있도록 하는 것은 물론 수익률 관리에 필요한 서비스를 받을 수 있도록 해야 할 것이다.

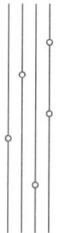

높은 연금수익률을
얻고 싶으면
이렇게 운용하자

안전자산 위주의 투자보다는 펀드와 같은 투자자산에도 일정 부분 나누어 투자함으로써 연금계좌의 평균 수익률을 높여나갈 수 있도록 해야 하며, 투자자산은 오래 투자한다고 수익이 보장되는 것이 아니므로 필요에 맞게 관리될 수 있도록 해야 한다.

투자형 연금 상품의
수익률 관리전략

연금 상품의 수익률이 중요한 이유는 같은 금액의 연금저축을 하더라도 10년, 20년이 지난 후 평가액은 큰 차이를 보일 수 있기 때문이다. 저축할 수 있는 절대 금액을 늘릴 수 없다면 다음으로 할 수 있는 일은 수익률을 높이는 것이다. 재산이 많아 노후 걱정이 없다면 사적 연금은 액세서리가 될 테지만 재산이 적거나 현금흐름을 창출할 수 있는 재산이 없다면 연금은 노후의 핵심 재원일 수밖에 없다.

연금 상품이 그동안 매력이 없었던 가장 큰 이유는 수익률이 저조했기 때문이다. 연금 상품의 수익률이 낮음에도 가입자가 늘고 연금 가입액이 늘었던 것도 대부분 세액공제 등 절세 혜택을 받으려고 가입했기 때문이다.

연금계좌의 수익률이 저조했던 이유는 연금계좌인 DC형(확정기여형) 가입자 중 80%와 IRP 가입자 중 70%가 수익률이 낮은 원리금 보장상품을 이용하고 있기 때문이다. 연금계좌는 2~3년 투자하는 상품이 아니라 중도해지 시 불이익 등을 감안할 때 장기저축을 해나가야 하는 상품이므로 저축보다는 장기적인 관점에서 우량자산의 투자로 가치상승을 통한 수익률 제고를 추구해야 한다.

연금저축 계좌 중 원리금이 보장되는 확정금리형 상품으로 운용한 경우 최근 5년 평균 수익률은 은행이 연 2.29%, 생명보험사가 1.81% 수준이고 펀드로 가입한 경우 3.7%의 수익을 실현하고 있다. 이에 반해 연금저축을 이용해 연금전용 펀드인 TDF에 가입한 경우 연평균 7.03%의 수익률을 실현한 것으로 나타났다.

최근 5년 평균 연금자산 수익률

구 분	은행	생명보험	자산운용사	TDF	국민연금
5년 평균 수익률	연 2.29%	연 1.81%	연 3.70%	연 7.03%	연 7.41%

* 출처: 금융감독원 연금포털(각 금융사 수익률의 단순 평균값)

이러한 차이는 국민연금 수익률 변화로 알 수 있다. 국민연금이 주식 등 투자형 자산에 자금을 운용하도록 허용한 후 투자자산 운용 비중이 높아지면서 수익률이 높아졌는데, 세계 최대 연금기금인 캐나다 노령연금이 10년 평균 9.8%의 높은 수익률을 실현하는 이유도 글로벌 시장에 적극 투자하기 때문이다.

개인연금은 이율이 낮은 예금이나 공시이율 적용 상품에 운용하면서 관리 수수료 등이 차감되면 거의 원금을 모으는 수준밖에 되지 않는다. 최근 들어 연금펀드 시장이 발전하고 연금전용 펀드 등이 쏟아지면서 연금저축 계좌의 수익률도 높아지기 시작했고, 안전자산으로 운용되던 많은 자금이 연금펀드나 IRP의 ETF, TDF 펀드 등으로 몰리고 있어 향후 연금저축 계좌의 수익률은 과거보다 크게 높아져 세제 혜택과 더불어 연금저축의 투자 효용성이 높아질 것으로 예상된다.

그러나 연금저축 계좌를 펀드로 운용하려면 관심과 노력이 필요하다. 정기예금이나 공시이율로 운용되는 경우와 달리 펀드 상품에 가입해 놓고 관리하지 않으면 오히려 원금손실이 발생된 상태에서 방치되는 경우가 빈번하기 때문이다. 상담을 하다 보면 연금저축 계좌를 펀드로 운용하는 가입자들 중 손실이 발생한 상태로 유지하는 계좌도 많다.

관심을 둘 시간이 부족하거나 잘 모를 경우 TDF 같은 연금전용 펀드를 이용하면 위험관리나 수익률 관리를 어느 정도 받을 수 있다. 가입한 연금저축을 통해 세제 혜택은 물론 수익률을 높여나가는 것은 노후생활 자금을 만들어야 하는 현실에서 절대 소홀히 해서는 안 되는 부분이다. 연금저축을 연금펀드로 전환해 연금펀드 평균 수익률을 얻는다고 가정했을 때 예시를 살펴보자.

현재 40세인 직장인이 50만 원씩
매월 적립식으로 15년간 불입할 경우 만기 연금액 규모

구 분	월 적립금	15년 후 원금	운용수익	원리금 합계	기준수익률 대비
3.5%	50만 원	9천만 원	2,849만 원	1억 1,849만 원	-
+ 1% ↑			3,869만 원	1억 2,869만 원	+ 1,020만 원
+ 3% ↑			6,259만 원	1억 5,259만 원	+ 3,410만 원
+ 5% ↑			9,217만 원	1억 8,217만 원	+ 6,368만 원

* 현재 적용되는 정기예금 금리 3.5% 기준 연 복리 운용 가정

표에서 알 수 있듯이 연금 상품 가입 기간 중 수익률 1% 상승은 1,020만 원의 연금 규모를 키울 수 있고 3% 수익률 증가는 1년 치 연금액에 해당하는 수익률 차이를 보여준다.

필자의 경우 H생명에 가입 후 23년 경과된 연금보험 상품의 연평균 수익률이 2%도 채 되지 않지만 연금펀드와 IRP로 가입한 연금펀드는 가입 이후 연평균 7% 수준의 수익률을 달성하고 있어 수익 면에서 큰 차이를 보임을 체감하고 있다.

연금자산의 수익률 높이기가
가능한 이유

'무작정 가다 보면 뭐가 나오겠지?' 하고 길을 가는 사람과 명확한 목표를 정하고 길을 가는 사람은 분명 시간이나 기회비용에서 많은 차이가 발생한다. 단순히 많은 돈을 모으겠다는 생각으로 재테크를 하는 것보다 재무적 니즈에 근거하여 목적을 정하고 목표 달성 의지를 갖고 실행해 나간다면 더 효과적으로 목표에 다다를 수 있다.

또한 연금저축은 단기간에 전력 질주해 높은 수익률을 빠른 시간에 달성하는 100m 달리기 전략이 아니라 장기적 관점에서 긴 호흡으로 저축하며 투자 리스크를 분산하고, 시장이나 업종의 성장을 수익으로 환원할 수 있도록 하는 투자 전략이다. 따라서 42.195km의 마라톤 경주에 임하는 자세로 저축한다면 좀 더 적극적인 자산에 투자해 더 높은 수익을 추구할 수 있다.

수익률은 위험과 비례한다. 높은 수익을 얻으려 할 때는 그만큼 변동성이 큰 자산에 투자해야 하지만 이는 감내해야 할 위험도 커짐을 의미한다. 위험을 줄이면서 수익을 높이는 방법을 찾으려고 다양한 시도를 하지만 가장 확실한 방법은 바로 분산이다. 장래 시장의 변동성, 즉 미래 예측은 흔히 신의 영역이라고 한다. 그러나 신은 우리에게 지혜를 주셨다.

어떤 이유로 어떻게 시장흐름이 바뀔지 모르니까 투자 시점을 분산하고, 어떤 기업이 언제 어떤 이슈로 문제가 될지 모르니까 투자 대상 분산을 원칙으로 투자자산을 선택하고 투자 방법을 선택한다면 위험을 크게 줄이면서 수익률은 높일 수 있다. 물론 분산이 모든 것을 해결해 주지는 않지만 증시는 회귀의 원리와 자산가치 상승 원리가 작동하는 곳이기 때문에 펀드와 같은 투자 상품을 이용해 연금자산을 운용하는 경우 장기투자가 가능하기 때문에 투자처를 신중히 선정한다면, 즉 하락할 때 하락하더라도 상승할 때 상승할 수 있는 업종이나 시장을 선택하면 개인이 가지는 한계인 정보의 비대칭을 해소할 수 있고 자산가치는 정상 자본시장에서 가치상승을 전제한다는 점에서 안전자산 대비 높은 수익률을 확보할 수 있다.

인디언 기우제 이야기를 들어본 적이 있는가? 그들의 기우제는 100% 성공하는데 그 이유는 비가 올 때까지 기우제를 지내므로 결코 실패할 수 없으며, 기다림과 간절함은 그들이 얻고자 하는 것을 얻게 한다는 것이다. 우량자산이나 성장시장에 투자한 펀드도 수익이 날 때까지 기다리면서 투자관리를 해나가는 원리를 활용해야 한다.

무작정 기다리는 것이 아니라 펀드는 당초 투자 목적에 맞게 운용되는지, 투자한 자산의 당초 선택 이유는 여전히 유효한지, 펀드 운용 담당자가 자주 교체되지는 않는지, 펀드의 유입보다 유출이 크지는 않은지 등 가입 펀드의 상태를 점검하고 필요한 경우 펀드의 비중을 조절하거나 갈아타는 것이 펀드 관리의 개념이다.

급여를 받으려 많은 시간을 들이고 수고를 하는 것을 당연시하면서 또 다른 수입을 창출하는 자산관리에 시간을 투자하는 걸 아까워하거나 귀찮아한다면 수익의 기회는 잡을 수 없을 것이므로 적절한 관심과 노력이 필요하다.

아울러 펀드에 가입하기 전에 고려할 사항이 있다. 지정학적·정치적 리스크가 있는 나라나 변동성이 큰 업종은 연금자산 운용 대상으로 적합하지 않으니 '고수익 가능'이라는 유혹에 흔들림 없이 근본적으로 멀리하는 것이 좋다. 더 높은 수익을 얻으려는 모험적 투자는 연금저축투자에서 특히 경계해야 한다.

미국은 장기투자에 가장 적합한 시장

짧게는 5년, 길게는 30년 정도를 저축할 수 있는 연금 마련 저축이야말로 당분간 바뀌지 않을 것 같은 패권국가 미국의 S&P500지수 등 우량 투자처를 이용한다면 수익 기회는 분명 투자 기간 중 몇 번이고 맞이할 수 있다.

지난 40여 년간 미국 증시를 대표해 온 S&P500지수는 일정 구간에서의 하락은 있으나 결과적으로 지속적 우상향을 보이는데 하락 구간을 유심히 살펴보면 금융위기나 재정위기 같은 특별한 이벤트가 있었고 그에 따른 하락 지속 기간은 1~2년을 크게 넘기지 않는다는 사실을 확인할 수 있다.

물론 과거에 상승했다고 해서 앞으로도 상승한다는 보장은 없다. 과거는 과거일 뿐이다. 그러나 과거에 왜 상승해 왔고 앞으로 어떻게 바뀔지 미루어 짐작할 수는 있다. 예를 들어 글로벌 시장 중 가장 안정적 상승세를 보여주는 미국 증시의 경우 과도한 정부 부채와 자국 우선주의 정책에 따른 국제관계의 영향력 감소 등 부정적 요소도 있으나 미국이 패권국가로서 위치를 계속 유지할 이유는 많다. 그 이유를 5가지 관점에서 짚어볼 수 있다.

첫째는 군사력이고, 둘째는 글로벌 인재의 집결지가 된 미국이 기술력에서 그 위치가 견고하며, 셋째는 안정적 인구구조와 글로벌 인재의 유입 등 질적 인구 자원 확보이고, 넷째는 셰일가스 등 다양한 에너지 자원을 확보하고 있다는 점이며, 다섯째는 식량자원을 가지고 있다는 것이다. 이 5가지를 우리 세대에 미국이 가장 강한 나라로 계속 자리매김할 것이라는 근거로 볼 수 있다.

● 최근 40년간의 S&P500지수 변동 추이

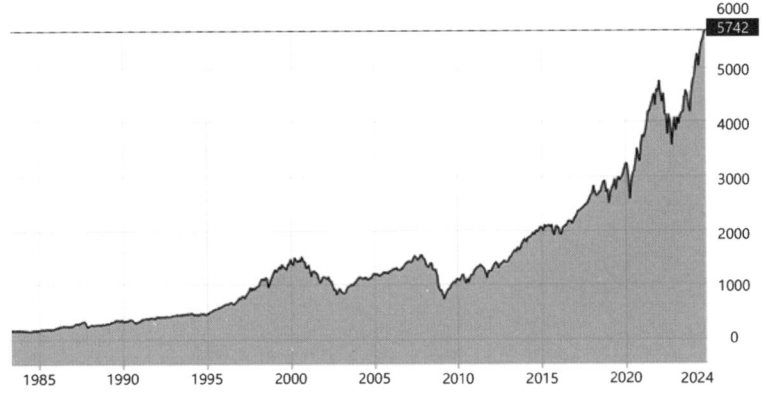

아직 잘 모르겠거나 자신이 없다면 미국 시장의 주요 지수를 활용해 투자해 나가는 것이 대안이 될 수 있다. 세계를 대표하는 기업의 주가지수라고 할 수 있는 미국 S&P500지수, 기술력을 선도하는 핵심기술 성장주로 최근 조정을 보인 반도체 ETF, 자율주행 등 AI 밸류체인 관련주 등 장기 성장 업종의 지수에 투자하는 ETF는 장기투자에서 승산이 높은 투자 대상이 될 것이다.

연금 상품에서 이러한 ETF를 투자하기 적합한 것은 일반 상품의 경우 미국 시장에서 설정된 ETF에 투자해 수익을 실현하면 세금을 22% 부담하지만, 연금 상품은 과세이연으로 세금을 떼지 않으므로 세금 부분만큼 재투자하는 효과를 누릴 수 있고, 이것이 장기투자 상품인 연금 상품의 복리 효과에 기여하게 되기 때문이다.

참고로 전고점 갱신을 거듭해 온 현재 미국 주식시장은 고점이라는 우려를 주지만 대통령 선거 이후 미국 주가가 급락할 만한 요인이나 가능성이 적다는 것이 글로벌 시장 전문가들의 일반적인 견해다. 무엇보다 대통령 선거 이후 미국 주가의 향배는 무엇보다 주요 기업의 수익 전망이 어떻게 될 것이냐에 따라 방향이 결정될 것이며 금리인하가 이루어지면서 금리민감 업종 등 증시에는 금리인하가 긍정적 영향을 미칠 것으로 전망된다.

연금 수익률 관리 노하우,
이것만은 꼭 알아두자

　펀드 상품은 오래 투자한다고 수익이 보장되는 상품이 아니므로 관리가 필요하다. 주식시장은 경제 상황과 시장 참여자들의 심리에 따라 등락을 반복하므로 어느 정도 목표수익률을 달성하면 시장을 살펴 이익을 실현하고 쉬었다가 다시 투자할지 아니면 더 유망한 시장이나 업종으로 갈아탈지 살펴야 한다. 운용실적이 저조해 기대에 미치지 못하는 상황이 지속되거나 투자 후 오히려 하락해 일정 수준 이상 마이너스 수익률을 기록할 경우 투자 비중을 줄이거나 다른 상품으로 갈아타는 관리가 필요하다.

　필자의 경우 펀드에 투자하는 IRP의 목표수익률이 달성되면 먼저 추가 상승 여력이 있는지 시장 상황을 살핀다. 펀드가 투자하는 기업이나 업종, 나라의 증시 상황을 살펴 특별한 하락 요인이 없어 보이면 이익 실현을 하지 않고 지켜보다 고점을 찍고 하락세로 돌아설 때 분할 환매로 이익을 실현하는 방식으로 퇴직 연금을 관리한다.

　분할 환매가 아닌 일시 환매를 했을 때 내가 투자했던 업종의 주가가 환매 후 다시 상승함으로써 허탈감을 느끼는 것보다 분할 환매를 통해 환매리스크를 줄이는 전략을 낫다는 것이 많은 경험상 유용하다는 결론을 내렸고, 분할 환매로 시장의 흐름을 놓치지 않았기에 최고는 아니지만 만족할 만한 수익률을 확보할 수 있었다.

　반면 투자 후 수익이 실현되지 않거나 수익이 실현되다가 하락세로 돌아서 마이너스 수익률을 나타내는 경우가 있는데, 이때는 회복을 기다리며 그대로 두는 것이 아니라 하락폭이 정해진 수준(필자는 10~15%)을 벗어나면 펀드나 ETF도 손절매 전략을 활용하는 것이 필요하다.

몇 년 전 중국 시장의 회복과 상승세를 설득력 있게 강조하는 유명 증시 전문가의 말에 공감해 중국 핵심 소비재 펀드에 IRP 계좌로 투자했다. 그런데 조금씩 하락세를 거듭하더니 미국의 반도체·관련 기술 수출금지 등 강한 조치가 취해지면서 하락을 거듭해 큰 손실이 발생했다. 많은 손실이 발생하고서야 왜 늘 강조하던 손절매를 스스로는 하지 않았는지 깊이 반성하게 되었다. 큰 금액을 투자하지는 않았지만, 손실폭이 커서 전체 손익에 미친 마이너스의 영향이 적지 않았다. 이것은 하나의 예로, 고객 자산을 수십 년간 관리하면서 경험하고 확인한 것은 주식뿐만 아니라 펀드도 반드시 일정 수준 이상 손실이 발생하면 손절매 또는 투자 비중 축소 전략이 필요하다는 것이다.

그 근거는 일정 수준 이상 마이너스 수익률을 실현한 펀드가 그렇지 않은 펀드보다 더 치명적 손실을 기록하는 경우가 더 많기 때문이다. -10%였던 펀드가 어느 순간 -20%까지 가 있는 경우가 많다는 이야기다. 언젠가 올라가겠지 하는 생각은 방치되는 자산을 양산하는 안일한 사고라고 할 수 있다.

따라서 연금 계좌로 투자한 펀드에서 손실이 발생할 경우 변동성이 상대적으로 적은 ETF는 10% 이상 하락 시 원인을 살펴보고 비중 축소 또는 갈아타기 전략을 취하고, 개별종목이나 국가에 투자하는 액티브형 펀드는 개인 성향에 따라 다르겠지만 10~15% 이상 하락 시 손절매 전략을 적극 고려하라는 것이 그동안 고객의 자산관리와 중국 펀드 투자 손실을 겪으면서 다시 한번 확인한 교훈이다.

연금수익률 관리에 도움이 되는 지표는 이것이다

주가의 변동성을 알려주는 주요 지표에 대한 이해를 통해 지표가 주는 시그널로 흐름을 살핌으로써 시장의 변동성을 인지하고 환매시점이나 중요한 투자기회를 놓치지 않토록 해야 한다.

증시의 과열이나 저점을 판단하기 위해 사용되는 지표로는 투자심리도, 이격률, VR(Volume Ratio) 회전율 등 많은 지표가 있지만, 전문가가 아닌 이상 이들을 활용하기가 쉽지 않다. 따라서 일반 펀드 투자자가 시장 상황을 판단하는 데 참고할 수 있는 지표를 소개한다.

참고 지표 1:
미국 국채 10년물 수익률

　미국 정부가 경기부양책을 펴면 국채 발행이 늘어나고 국채 공급이 많아지면 금리상승으로 국채 가격이 떨어질 가능성이 커진다. 국채금리가 올라가면 각종 시중금리도 따라 오르고, 국채금리가 내려가면 다른 금리도 하락하는 경향이 있다. 경기회복으로 자금 수요가 늘어나 금리가 상승하는 상태라면 주식시장에 긍정적으로 작용하게 된다.

　미국 달러 가치의 상승은 해외에 투자한 돈을 다시 미국 증시로 끌어오는 요인이 된다. 정리해 보면 일반적으로 미국 국채금리 상승 → 달러 강세 → 외국인 투자자의 신흥국 국채·주식 매도 → 신흥국 국채금리 상승, 주가 하락의 흐름을 보이게 된다.

　미국의 경우 장단기 금리차가 미래의 불황을 예측하는 데 비교적 유의성이 높은 것으로 분석되고 있다. 장단기 국채금리 차이가 커지면 시중에서 경기회복에 대한 기대가 높아지는 것으로 볼 수 있다. 장기 국채 수익률이 단기국채 수익률과 비슷하거나 더 낮은 수준으로 떨어지는 역전 현상이 벌어지기도 하는데, 이는 경기 전망이 매우 좋지 않다는 신호로 받아들여진다. 마땅히 투자할 곳이 없어 10년 뒤 안정적으로 원리금을 돌려받을 수 있는 장기채권에 투자하면서 장기채권의 가격이 올라 그 수익률이 단기채권의 수준과 비슷하게 떨어지는 것으로 볼 수 있기 때문이다.

참고 지표 2:
하이일드 채권 스프레드(High-Yield Bond Spread)

하이일드 채권(신용등급이 낮은 회사가 발행하는 채권) 스프레드(기준금리에 신용도 등의 조건에 따라 덧붙이는 가산금리)는 일반적으로 특정 등급 이하의 하이일드 채권 수익률과 안전자산인 국채 수익률을 뺀 수치를 말한다.

미국의 하이일드 채권 스프레드는 위험 정도를 판단하는 데 매우 중요하게 사용되는 지표 중 하나로 미국의 경우 금리 스프레드는 경기의 선행지표라 할 수 있다. 일반적으로 362bp 수준이며, 스프레드가 400bp 이상으로 벌어지면 위험 국면으로 인식된다. 금리 스프레드가 미래의 경제활동을 예측하는 정보를 제공해 주는 것으로 이해하고 참고 지표로 활용하면 좋다.

국내 금융시장에서도 장단기 금리차와 신용 스프레드가 경기침체 가능성을 보여주는 지표로 경제적 의미가 크다. 미국 시장의 경우 신용 스프레드가 400bp 이상으로 벌어지면 경기가 안 좋아질 것으로 예측되므로 위험자산의 비중을 줄여나가는 전략을 신중하게 검토하되 항상 일치하는 것은 아니므로 다른 지표들과 같이 참고로 활용할 필요가 있다.

참고 지표 3:
달러인덱스 DXY, ADXY

증시 전망 판단 지표로 달러 가치를 나타내는 달러인덱스를 활용할 수 있다. 달러인덱스는 미국 연방준비제도이사회(FRB)에서 작성하고 발표하는 지수로 경제 규모가 크거나 통화가치가 안정적인 세계 주요 6개국의 통화(유럽 유로, 일본 엔, 영국 파운드, 캐나다 달러, 스웨덴 크로나, 스위스 프랑)에 대한 미국 달러의 평균 가치를 지수화한 것이다.

DXY는 블룸버그에서 달러인덱스를 표시하는 종목 코드이고, ADXY는 미국 달러 대비 아시아 통화가치를 보여주는 식별코드로 미국의 경제 전문 사이트인 블룸버그(Bloomberg) 등에서 알아볼 수 있다.

미국 선물시장에서 거래되는 달러인덱스는 투기적 순매수 계약 수로 위험을 평가하는 데 사용된다. 시장이 위험해지면 안전자산으로 돈이 몰리게 되는데, 이때 달러인덱스 매수 포지션이 증가하게 된다.

외국인 투자자는 환율에 민감하다. 예를 들어 달러가 강세를 보이면 한국 주식시장의 외국인 투자자는 주춤할 수 있다. 환차손이 발생할 우려 때문이다. 또한 달러는 세계의 여러 통화 가운데 가치변동 가능성이 가장 작은 안전자산으로 분류된다.

달러의 가치가 높아지면 그동안 높은 수익률 때문에 이머징 마켓의 증권에 투자했던 투자자들이 다시 안전자산인 달러 자산으로 갈아탈 수 있다. 달러 가치의 변화에 따라 이머징 마켓 주식시장에 투자된 자금이 미국 증시로 이탈할 가능성이 발생하는 것이다.

참고 지표 4:
VIX 지수(공포지수)

VIX(Volatility Index) 지수는 변동성에 대한 시장의 기대를 나타내는 지수로 일명 공포지수라고도 한다. 주식시장의 위험 인식을 판단하는 가장 간편하고 일반적인 지표다. VIX 지수는 미국 시카고 옵션거래소(CBOE)에서 주식시장의 변동성을 측정하려고 만든 지표로 미국 증시의 기대 변동성을 나타낸다.

VIX는 미국 S&P500지수의 옵션 가격에 기초하며, 향후 30일간 지수의 풋옵션(특정 시점에서 정해진 가격에 팔 수 있는 권리) 1과 콜옵션(특정 시점에서 정해진 가격에 살 수 있는 권리) 2의 가중 가격을 결합해 산정된다. VIX는 향후 30일간 S&P500지수가 얼마나 변동할 것으로 투자자들이 생각하는지를 반영하는 투자 심리 지표다.

이 지수가 높아지면 공포가 높아졌다는 뜻으로, 시장 변동성이 확대되고 안전자산은 상승하며 주식과 같은 위험자산 가격은 하락한다. 일반적으로 VIX 값이 30을 넘으면 불확실성, 리스크, 투자자의 공포로 변동성이 높아졌다는 의미로 간주된다. VIX 지수가 높은 수준으로 장기간 지속되는 경우는 없다.

최근 15년 동안 VIX 지수가 공포 수준이라고 하는 40까지 급등했던 횟수는 5회 정도였고 최고조에 달했던 80 이상을 넘은 것은 2회 정도다. 목돈이 있다면 VIX 지수가 40을 넘을 때 인덱스나 지수 ETF를 매입할 경우 성공 가능성이 매우 높다.

VIX 지수가 40을 넘었을 때 처음에는 공포에 질려 매입은 고사하고 손절매하기에 바빴으나 이후부터는 학습효과에 힘입어 공포지수가 40을 넘으면 적극 투자에 나섰고 이후 큰 수익을 실현하는 기회로 삼을 수 있었다.

적립식으로 투자할 경우 VIX 지수가 30 이상으로 올라가면 저가 매입 기회로 삼아 투자 비중을 늘리고 공포 수준으로 올라갔다면 적립식 앞당김 투자 등으로 매입단가를 낮출 기회로 삼아야 한다.

사전에 학습되어 있지 않으면 막상 VIX 지수 40을 넘어설 경우 공포와 두려움으로 투자를 꺼리게 되고, 불안감으로 보유하고 있는 투자자산도 매도하는 사례를 볼 수 있는데, 이후 시간이 지나 시장이 안정을 찾으면 그때가 투자 기회였다고 후회하는 것을 흔히 보게 된다. 따라서 VIX 지수 40이 넘으면 하늘이 준 투자 기회로 생각하고 적극적으로 시장의 변동성을 활용하는 것도 비대칭 역발상의 투자가 될 것이다.

VIX 지수와 S&P500의 상관관계

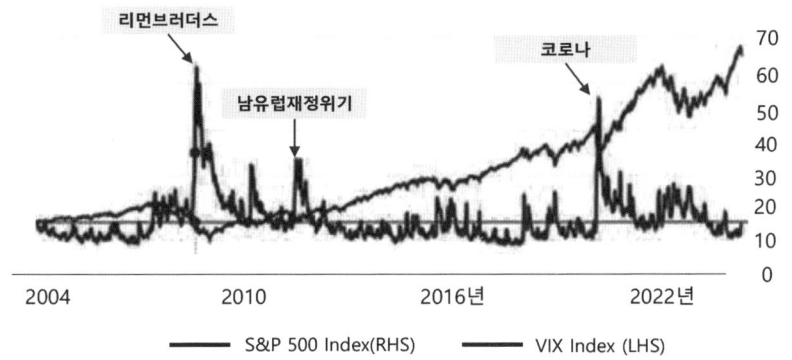

참고 지표 5:
S&P500 Breadth

Breadth(폭)는 시장에서 특정 지표나 자산을 그룹화한 것에 대한 거래 또는 움직임의 범위나 강도를 나타내는 용어로, 일반적으로 시장이 얼마나 광범위하게 움직이는지 또는 특정 지표가 얼마나 많은 종목에 영향을 미치는지를 파악하는 데 사용된다. S&P500 Breadth는 미국 증시를 기준으로 과열과 침체를 판단할 수 있는 지표로 투자자들의 기대감과 심리가 담겨 있으며 추세적으로 어떻게 움직이는지 보며 과열이나 침체를 판단할 수 있다.

S&P500 Breadth 지표는 주로 기술적 분석지표와 함께 증시 흐름을 파악하는 데 사용할 수 있는데, 지표가 긍정적인 값을 나타내면 시장의 거래가 활성화되고 있는 것으로 판단할 수 있고, 지표가 부정적인 값을 나타내면 시장이 위축되고 있거나 특정 주식들만 상승하고 있음을 알 수 있다. 따라서 지표가 긍정적인 값을 보이는 흐름이면 상승 추세에서 추가 투자를 고려할 수 있다.

지표가 긍정적인 값을 나타낼 때는 시장이 강세일 수 있고, 부정적인 값을 나타낼 때는 시장이 약세임을 알려준다. 이 지표는 이동평균선과 함께 사용해 상승 또는 하락 트렌드를 확인할 수 있는데, 투자하고 있는 펀드의 수익 실현이나 투자 비중 조절 등의 시점에서 주식시장의 전반적 상황을 이해하는 데 도움이 되는 도구 중 하나일 뿐이다.

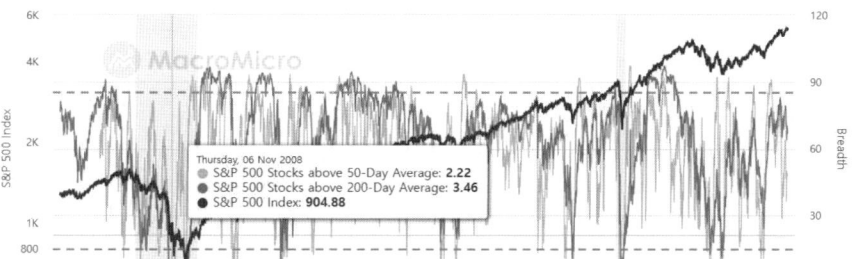

　　기타 단기적인 투자 의사를 결정하는 경우 경기선행지수, 소비자물가지수(CPI), 생산자물가지수(PPI) 미국 고용 지표, 소비자 신뢰지수는 소비 및 생산지표를 바탕으로 매입과 매도 시점을 찾는 주가 전망에 활용할 수 있고, 기술 지표(예: 이동평균, 상대 강도 지수, 볼린저 밴드, PBR 척도 등)는 데이터 분석을 사용해 시장 추세와 움직임을 예측하는 지표로 가격 변동과 기술적 패턴을 식별해 투자자가 거래 기회와 잠재적 위험을 식별하는 데 활용할 수 있다.

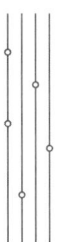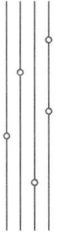

연금과 세금의 관계, 알아두면 돈이 된다

연금의 매력은 위험부담 없이 가장 확실한 수입을 가져다주는 세제 혜택을 이용할 수 있는 것이므로 연금가입을 통해 활용할 수 있는 모든 세제 혜택을 제대로 알고 적극 활용해 나가도록 해야 한다.

연금이 일반 금융자산과 다른 것은 세제 혜택이다. 연금을 이용하는 중요한 이유는 세제 혜택을 활용해 연금자산을 효과적으로 모으고, 부담해야 할 세금을 재투자해 복리 효과를 누리며, 한 푼이라도 아쉬운 노후생활에서 낮은 세율 부담으로 연금을 수령할 수 있도록 함으로써 생애 전체에 걸쳐 주어지는 세제 혜택을 활용할 수 있기 때문이다.

연금과 관련한 세금은 양날의 칼 같아서 잘 활용하면 도움이 되지만 무시하거나 간과하면 애써 모은 돈이 내지 않아도 될 세금으로 나가 은퇴자금의 플러스 요인을 마이너스 요인으로 만드는 악수를 두게 된다. 따라서 모든 연금 관련 세금을 연금을 모으는 과정에서 시작해 운용 과정, 수령 과정까지 모두 이해할 수 있도록 살펴보겠다.

연금을 모으는 과정에서 발생하는 세금은 별도 수입원이다

연금 계좌를 활용하면 해마다 최대 118만 원에서 148만 원을 세금 환급으로 얻을 수 있다. 연금저축을 20년간 유지한다고 했을 때 환급액을 현재 적용 가능한 3.5% 적금에 저축할 경우 20년 후 적게는 3,400만 원, 많게는 4,200만 원 이상을 원리금과 별도로 확보할 수 있다.

사람은 대부분 일정 시기가 지나면 소득 단절을 겪게 되고, 생활이 어려워지면 사회적 문제가 발생해 국가의 부담이 커지므로 선진국일수록 국민의 노후생활을 윤택하게 하려고 공적연금제도를 도입하고 부족분을 채울 수 있는 사적연금제도를 병행해 이용하도록 하고 있다.

연금저축은 사적연금제도의 대표 금융상품으로 가입 시 납입한 금액에 대해 연말정산에서 세액을 공제받을 수 있도록 함으로써 저축한 원금과 이자 그리고 세액공제 환급금으로 노후 자금을 효과적으로 만들어 가도록 하고 있다.

세액공제 시뮬레이션

(단위: 원)

년	세금공제율	
	16.5%	13.2%
1	1,485,000	1,188,000
5	7,425,000	5,940,000
10	14,850,000	11,880,000
15	22,275,000	17,820,000
20	29,700,000	23,760,000
25	37,125,000	29,700,000
30	44,550,000	35,640,000

* 연간 세액공제 적용 납입한도(900만 원, 2024년 기준)

세액공제를 받을 수 있는 연금계좌는 '연금저축계좌'와 '퇴직연금계좌(DC와 IRP 개별납입분)'로 나눌 수 있다.

2가지를 합산해 연간 1,800만 원을 납입할 수 있고, 최대 900만 원까지 세액공제 혜택을 받을 수 있다. 연금저축계좌(연금신탁, 펀드, 보험)만 이용할 경우에는 600만 원까지 세액공제가 가능하지만, IRP를 활용하면 900만 원까지 세액공제가 가능하다. 연금계좌를 이용하지 않고 IRP만 이용해도 900만 원까지 세액공제가 가능하다.

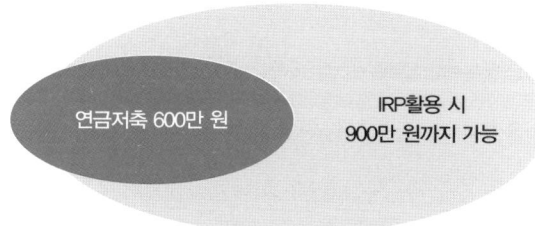

연금계좌를 활용해 받을 수 있는 최대 환급 세액은 근로소득 기준 5,500만 원 이하 또는 종합소득 기준 4,500만 원 이하일 때 납입 금액의 16.5%, 그 이상의 소득자는 13.2%의 세액 환급을 받을 수 있다. ISA 만기 자금을 연금계좌에 납입하면 납입액의 10% 한도 내에서 최대 300만 원까지 세액공제를 추가로 받을 수 있다.

연금 운용 과정에서 발생하는 세금은 재투자 재원이 된다

연금계좌는 납입액에 대한 세액공제와 별도로 납입자금을 운용해 발생하는 이자나 배당금, 투자 수익금 등에서 일반금융상품 이용 시 발생하는 원천징수 세액 16.5%(금융소득종합과세 해당자의 경우 최대 49.5%)를 공제하지 않고 재투자될 수 있도록 하고 연금 수령 시 저율의 연금소득세를 부담하게 함으로써 과세이연을 활용한 복리 효과를 얻도록 하고 있다.

과세이연을 활용한 재투자 효과는 공제해야 할 이자를 재투자해 이자의 이자가 창출되게 하는 복리 효과는 가입 기간이 길수록, 즉 재투자되는 횟수가 많을수록 자산증대 효과가 커지게 되므로 20~30년 장기저축을 필요한 연금 상품의 경우 복리 효과를 활용하는 가장 적합한 투자방법이라 할 수 있다.

물론 이자의 재투자로 얻는 수익 규모는 그 자체로는 노후생활 자금 마련에 그다지 큰 영향을 미치는 수준은 아니지만 일반 금융상품을 이용할 경우 내야 할 세금이라는 비용으로 또 다른 수익을 창출할 수 있다는 점에서 활용 가치가 있다고 할 수 있다.

연금계좌를 운용하는 단계에서 과세이연 효과 외에 또 다른 이점은 손익 통산 효과를 활용해 금융소득세를 절감할 수 있다는 것이다. 일반 계좌에서는 금융상품별로 과세해 수익이 발생한 계좌는 발생한 대로 이자소득세 등을 납부하지만 연금계좌에서는 수익이 발생한 계좌와 손실이 발생한 계좌에 대해 수익과 손실을 상계해 최종 발생한 수익에 대해 과세하므로 과세 부담이 합리적으로 이루어질 수 있다.

운용 과정에서는 과세이연 효과를 체감할 수 없으나 중도해지를 하거나 연금을 수령하는 단계에서 납입한 원금과 발생 수익을 계산하는 과정에서는 이러한 손익 통산으로 손실 발생 부분을 가감받을 수 있어 절세 효과를 확인할 수 있게 되는 것이다. 확정금리 이자 상품만 이용할 때는 의미가 없으나 증권계좌 등 투자상품을 이용할 때는 모든 계좌가 수익이 발생하는 것이 아니므로 수익의 통산 효과는 연금계좌와 ISA 계좌에서만 누릴 수 있는 혜택이다.

가입한 연금계좌를 중도해지 하는 경우 과세는 배보다 배꼽이 더 클 수 있다

연금계좌를 연금으로 사용하지 않고 여러 가지 이유로 중도해지 하는 경우 세금은 내가 받은 절세 혜택보다 클 수 있어 신중을 기해야 한다.

퇴직급여 중 DB형은 중도 인출이 불가하지만, 확정기여형(DC형)과 IRP는 법에서 정한 특별한 사유가 있으면 중도 인출을 할 수 있다. 법정 사유는 주택 구입, 전세보증금, 본인·배우자·부양가족의 요양, 파산, 개인회생, 재난 등의 사유가 있을 때 가입자는 적립금을 중도 인출 할 수 있다. 다만 임금피크제 적용이나 근로시간 단축은 퇴직연금 중도 인출 사유가 되지 않는다.

이때 세금은 퇴직소득세가 적용되는데, 퇴직급여를 중도 인출 하는 날을 퇴직한 날로 기준 삼아 퇴직소득세가 부과된다. IRP의 경우 특별 중도 인출 사유에 해당하면 계좌를 유지한 채 중도 인출이 가능하지만 그 밖의 사유로 인출하고자 하면 계좌를 아예 해지해야 한다.

퇴직급여를 IRP에 이체해 중도 인출 사유에 해당되어 인출하는 경우 퇴직급여액은 퇴직소득세를 적용받고 운용수익은 연금소득세(3.3~5.5%)가 적용되며, 다른 소득과 합산하지 않고 분리과세로 종결된다. 퇴직급여가 아니면 IRP나 연금저축 계좌의 중도 인출에 대한 과세는 세액공제를 받은 금액에 대해서는 물론 발생한 수익에도 16.5%의 기타소득세로 전액 과세하게 된다.

사례를 들어보면, 연 소득이 8천만 원인 근로자가 연 800만 원을

IRP에 3년간 납입해 3년간 10% 수익이 발생한 상태에서 중도해지를 하는 경우는 다음과 같다.

- 세액공제를 받은 금액
① 3년간 800만 원씩 납입해 받은 세액공제 금액=3,168,000원

- 중도해지로 부담하게 될 세액
② 납입 원금 800만 원×3년=2,400만 원×16.5%=3,960,000원
③ 발생 수익 2,400만 원×10%=240만 원×16.5%=396,000원

① 3,168,000원-② 3,960,000원-③ 396,000원=-1,188,000원의 '손실 발생'

(기타소득세는 다른 금융 소득과 달리 금융소득종합과세를 적용하지 않고 분리과세로 종결된다)

그야말로 배보다 배꼽이 더 커지는 경우가 된다. 이러한 불이익을 받지 않으려면 반드시 가입할 때 재무 목표를 세워 노후 자금으로 장기 저축을 할 수 있는 한도에서 해야 하며, 누구나 반드시 필요한 노후 생활 자금을 마련해야 한다는 점에서 끝까지 유지하는 것을 목표로 해야 한다.

그러나 살다 보면 노후생활 자금 마련보다 더 중대하게 생각하는 일이 생길 수 있다. 그러한 것을 감안해 자금의 유동성을 확보하기 위해 중도에 해지할 수 있는 상황을 대비한다면 세금 부담 시 언제라도

중도해지가 가능한 연금저축계좌를 활용하고 그 이상의 금액은 IRP 계좌를 이용해 납입하는 방법이 유효하다.

퇴직급여 계좌(DC형)나 IRP 계좌에 대해 특별 중도해지 사유에 해당하더라도 기타소득세인 16.5%가 아니라 해지 시점에서 저율의 연금소득세를 적용받을 수 있는 사유가 있는데, 이때는 해지 원금과 발생 수익에 대해 연금소득세인 3.3~5.5%만 부담할 수 있다. 그 사유를 구체적으로 살펴보면 다음과 같다.

IRP/연금저축계좌 중도 인출 가능 여부와 적용 세율

구 분	요양의료비		개인회생 파산	천재 지변	사망· 해외 이주	무주택자 주택 구입, 전세보증금	사회적 재난	기타 (폭넓은 사유 인정)
	3개월 이상	6개월 이상						
IRP 중도 인출 가능 여부	×	○	○	○	×	○	○	×
연금저축계좌 중도 인출 가능 여부	○	○	○	○	○	○	○	○
소득세법상 과세	연금소득세(3.3~5.5%) 적용					기타소득세(16.5%) 적용		

* 출처: 소득세법 제14조, 제21조 및 시행령, 기타 자료 참조해 정리

연금을 수령하는 과정에서 세금은
저율 과세로 연금소득을 높여준다

연금계좌에 납입한 연금저축 금액을 연금으로 수령할 경우 가입 기간에 부과가 유예되었던 발생 수익에 대한 세금과 납입액에 대한 세액공제 부분에 대해 연금 수령 시 연금소득세로 과세된다. 이때 부과되는 세금은 일반 이자소득세보다 크게 낮은 연금소득세(3.3~5.5%)가 적용된다.

세액공제를 받은 금액과 운용수익을
연금으로 수령 시 연금소득 세율

연금 수령 시기	확정 기간 수령		종신연금 수령 시	
	한도 내 금액	한도 초과액	한도 내 금액	한도 초과액
55세 이상 70세 미만	5.5%	16.5%	4.4%	16.5%
70세 이상 80세 미만	4.4%			
80세 이상	3.3%		3.3%	

* 연간 1,500만 원 이상 수령 시 16.5% 분리과세 또는 전액 다른 소득과 합산 종합과세 적용

〈수령 한도 산출 공식〉

$$\frac{\text{연금 개시 시점 연금계좌의 평가액}}{(11-\text{연금 수령 연차})} \times (120/100) = \text{연간 수령 한도}$$

연금 수령 연차는 연금 지급 요건(납입 후 5년 경과, 만 55세 경과, 10년 이상 연금 수령-2013년 이전 가입자는 5년)을 모두 충족해 연금을 수령할 수 있는 날이 속하는 연도를 1년 차로 보며, 연차가 10년 차 이상이면 연금 수령 한도는 제한 없이 모두 한 번에 연금으로 인출이 가능하게 된다.

연금으로 수령 시 연금소득세 적용 대상(연간 연금액 1,500만 원 이내)은 세액공제를 받은 납입액과 해당 계좌에서 발생한 수익에 대한 부분으로 세액공제를 받지 않은 것을 연금으로 지급받을 경우에는 1,500만 원에 포함되지 않는다.

또한 국민연금 등의 공적연금과 퇴직급여를 재원으로 하는 연금소득도 연간 연금 수령액 1,500만 원에 포함되지 않는다. 아울러 2000년 12월 이전 가입한 개인연금저축이나 세제 비적격 연금보험, 연금저축과 퇴직연금 중 소득공제나 세액공제를 받지 않은 금액에서 지급되는 연금액도 제외된다. 따라서 연금소득이 연간 1,500만 원을 넘지 않게 하는 것은 그다지 어려운 일이 아니다.

연금 수령 시점에서 과세 대상 연금소득이 얼마나 되는지 파악한 뒤 연금소득세 과세 대상 연금에 대해서는 기간을 분산해 연간 1,500만 원이 넘지 않게 하고 필요한 연금은 과세 대상이 아닌 연금, 즉

IRP(퇴직연금) 계좌나 세액공제를 받지 않은 연금계좌를 활용해 연금을 수령할 수 있도록 하는 것이 낮은 연금소득세를 적용받아 연금의 납입 단계에서 시작해 운용 단계, 마지막으로 수령 단계에서 주어지는 절세 혜택을 극대화하는 방안이라 할 수 있다.

퇴직연금을 연금으로 이용하면 분리과세의 절세혜택이 적용된다

퇴직연금을 IRP로 수령 또는 전환해 연금으로 받을 경우 퇴직소득세가 아닌 연금소득세를 적용받게 된다. 연금 수령 기간을 10년 이상으로 나누어 받으면 퇴직소득세에서 30% 감액된 수령액의 70%에 대해 해당하는 퇴직소득세율을 적용받을 수 있고, 10년 초과해 받는 퇴직연금에 대해서는 40%가 감액된 60%에 대해 퇴직소득세율이 부과되기 때문에 퇴직급여가 많은 경우 또는 근속기간이 짧아 퇴직급여 공제금액이 적음으로써 환산퇴직소득 과표가 높은 경우에는 퇴직 일시금으로 받는 것보다 IRP로 전환해 10년 이상 연금으로 받는 것이 높은 절세 효과를 누리는 방법이다.

여기서 근속기간은 직장 재직기간이 아니라 퇴직금을 중간 정산 한 경우에는 정산 시점 이후부터 계산되므로 퇴직소득세 계산 시 재직기간은 퇴직금 중간 정산이 있었던 경우 당초 입사일이 아닌 퇴직금 중간 정산일 이후부터 계산해야 하는 점을 유념해야 한다.

많은 직장인이 퇴직금 중간 정산을 받은 경험이 있어 퇴직하는 경우 예상보다 높게 부과되는 퇴직소득세로 부담을 많이 느끼게 되는데, 이는 퇴직금 중간 정산으로 퇴직소득세 계산에 적용되는 재직기간이 중간 정산 이후 시점부터 계산됨으로써 공제 적용 기간이 짧아졌기 때문이다. 따라서 퇴직금을 일시금으로 받아 재투자를 고려할 경우 먼저 퇴직소득세를 따져보고 세액이 클 경우 IRP 계좌를 활용해 절세하는 방안을 모색하는 것이 현명한 방법이 될 수 있다.

노후생활에서 절세만큼 안전하고 확실한 수입은 없으므로 법으로 보장되는 절세 효과는 최대한 활용하는 것이 유익하다. 퇴직연금을 IRP로 전환한 후 퇴직연금으로 수령할 조건이 충족(만 55세 이후)된 경우 퇴직연금을 일시금으로 인출하고자 할 때는 1차 연도 연금 수령 한도에는 연금소득세율(퇴직소득세율의×70%)이 적용되고, 나머지 금액에는 과표에 해당하는 퇴직소득세율이 적용된다. 따라서 퇴직금을 바로 인출하는 것보다 IRP 계좌로 전환해 수령하는 것이 연금 방식이 아닌 일시금으로 인출하더라도 유리하다.

퇴직연금을 IRP로 전환해 연금으로 수령하는 경우 수령 개시 후 10년 차까지는 퇴직소득세율의 70%에 해당하는 세율로 연금소득세를 납부하고, 11년 차부터는 퇴직소득세율의 60%에 해당하는 세율로 세금을 납부하므로 만 55세가 경과했다면 IRP(퇴직연금 예치분)는 당장 연금이 필요하지 않더라도 매년 최소금액 이상 연금 지급이 이루어지도록 신청해 놓음으로써 퇴직연금 수령 연차를 쌓을 수 있고, 10년 차를 빨리 채움으로써 10%(70% → 60%) 낮은 퇴직소득세를 적용받을 수 있는 점을 활용하면 연금 실수령액을 퇴직소득세 10%만큼 높일 수 있다.

살고 있는 집을 담보로 부부가 모두 사망 시까지 종신연금을 받을 수 있는 주택연금은 저축하고 받아 쓰는 연금저축과 달리 먼저 돈을 받아 쓰고 나중에 정산하는 선지급 후정산 방식의 현금흐름 창출 구조로 개인 소유 고정자산을 소득을 창출하는 현금흐름 자산으로 바꾸는 금융상품이라 할 수 있다. 출시 이후 여러 과정을 거쳐 이용자도 주택금융공사도 합리적인 수준을 만들어 가는 과정이지만 주택가격 대비 연금액이 기대수준보다 낮음으로 인해 이용 가치에 대한 의문은 여전하다.

6장

주택연금을 이용해야 할 이유와 이용하지 말아야 할 이유

SUPER PENSION

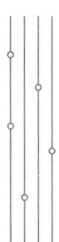

주택연금을 이용할 때 장점은 무엇인가

부부가 모두 사망 시까지 보유 주택에 거주를 보장받으면서 보유 주택을 담보로 매월 연금을 받을 수 있고 필요시 중도 상환을 통해 계약을 종료할 수 있다.

주택연금은 부부가 소유하고 있는 주택에 대해 주택공사가 정한 평가 기준에 따라 평가액 기준 12억 원 이하이고, 부부 중 한 사람이라도 만 55세 이상, 부부 중 한 사람이라도 대한민국 국민이면 신청할 수 있다.

보유 주택 수가 2주택이더라도 두 채를 합산해 평가기준 12억 원 이하이면 주택연금을 이용할 수 있고, 12억 원을 초과하면 1주택 매각 조건으로 이용할 수 있다. 연금액 계산은 부부 중 나이가 적은 쪽을 기준으로 산정해 지급하며, 연금 수령은 종신 지급을 선택할 수도 있고, 사전에 정한 확정 기간에만 지급받을 수도 있다.

주택연금 이용 의향에 대한 〈KB골든라이프보고서(2023. 11)〉에 의하면 자녀가 있는 가구는 18.5%가 이용 의향이 있다고 응답한 반면 자녀가 없는 가구는 이용 의향이 27% 수준으로 상대적으로 높게 나타났다. 이 밖에도 주택연금 이용에 긍정적인 부류는 주택연금 가입자의 노후생활 충분도 결정요인에 관한 연구논문을 참고할 때 인구통계학적 분석에서 연령이 많을수록, 배우자가 없을수록, 고학력자일수록 높고, 거주지역과 형태는 수도권이나 5대 광역시 등 대도시에 거주할수록, 여성이 경제권을 가지고 있을수록, 아파트에 거주할수록 높은 것으로 나타났다.

특히 고연령층인 70대 이후에서 이용률이 높은 것으로 나타나는데, 이는 주된 소득이 단절되고 재취업이 어려워짐과 더불어 건강이 약화되면서 대안을 찾지 못함으로써 주택연금 이용을 신청하는 사례가 늘고 있는 것으로 분석되고 있다.

또한 주택 가격은 3억~6억 원대에서 가장 이용 의지가 높은 것으로 나타났고 남성보다 여성이 주택연금 이용을 더 선호하는 것으로 나타났다.

수명 연장이 특정인의 문제가 아니라 평균인의 문제로 다가온 수명 혁명 시대에 종신 지급 받을 수 있는 주택연금 이용을 망설이거나 꺼리는 이유가 무엇일까? 주택연금 이용 시 장점과 불리한 점을 정리해 보겠다.

첫째, 주택연금은 명시적 현금흐름과 암묵적 현금흐름을 제공한다.

주택연금은 보유 주택을 담보로 생활 자금을 지원받으면서 주거 문제를 해결할 수 있다. 지급받는 연금 산정액에 일정 부분 반영되어 있기는 하지만 별도 주거비용이 발생하지 않고 부부가 종신토록 거주할 수 있다. 많은 부부가 그동안 살아왔던 터전에서 이사하기보다는 살던 곳에서 계속 살고 싶어 하는 경향이 높다.

〈2023 KB골든라이프보고서〉에 의하면 노후 거주지로 60% 정도가 시설 인프라(의료시설, 쇼핑, 교통, 공원 등)보다 현재 살고 있는 곳에서 계속 살기를 원하는 것으로 나타났다. 이는 여성이 남성보다 높게 나타났고, 익숙한 공간 선호와 지인 관계 유지, 안정적 수입 확보가 주요 요인으로 작용한 것으로 분석된다.

노후에 이사 다니기보다는 한번 터를 잡고 계속 그 집에서 살아갈 경우 주택연금은 주거 문제를 해결하면서 노후생활 자금을 확보할 수 있는 일거양득(一擧兩得)의 수단으로 활용할 수 있다. 또한 주택연금은 필요시 자금 용도가 허용되는 사유에 해당할 경우 사전에 정한 인출 가능 한도에서 중도 일시금 수령으로 현금흐름을 일시적으로 증가시킬 수 있다.

둘째, 주택연금 가입자의 조기 사망에도 배우자가 받을 연금액은 줄어들지 않는다.

부부가 함께 사망할 가능성이 작고 주택연금에 가입한 배우자가 사망해도 생존 배우자가 사망할 때까지 동일한 조건으로 종신 지급 받을 수 있는 것이 주택연금이다. 이를 연생형 지급이라고 하는데, 이런 조건을 갖춘 연금보험의 경우 납입보험료 대비 연금 수급 조건이 미약하다는 점에서 주택연금은 부부 각각의 생존 기간에 모두 동일한 조건으로 연금 지급을 보장을 받을 수 있다는 것은 강점이라 할 수 있다.

국민연금의 경우 수급권자 사망 시 배우자는 수급권자가 받던 연금의 40~60% 내에서 유족연금을 받을 수 있는데, 이때 생존 배우자는 유족연금으로 사망한 배우자가 받던 연금을 받을 수 있지만 자신도 국민연금을 받는 경우 유족연금과 자신이 받는 연금 중 하나를 선택해야 한다. 이는 국민연금이 복지제도의 일환으로 운영되다 보니 중복 수혜를 하지 못하도록 했기 때문이다.

반면 주택연금은 보유자산을 담보로 연금화해 사용하고 연금액 산정에 배우자의 연령이 반영되므로 주택연금 가입자가 사망하더라도 배우자 생존 시 연금액은 줄어들지 않도록 설계되어 있다.

셋째, 주택가격 상승 시 계약을 해지할 수 있는 옵션이 계약자에게 주어진다.

주택연금은 가입자 의사에 따라 언제든 계약 청산이 가능하다. 주택가격이 재가입에 소요되는 기회비용보다 높게 상승하면 계약해지 후 재가입이 가능하다. 단 동일 주택으로 주택연금에 재가입하고자 할 경우 즉시 재가입이 불가하고 계약 해지 후 3년이라는 경과 기간을 거쳐야 재가입할 수 있다.

다만 가격이 상승한 주택은 처분하고 새로운 주택을 구입해 주택연금을 가입하면 경과 기간 필요 없이 즉시 가입이 가능하나 이 경우 매도와 매입, 취·등록 과정에서 기회비용이 발생한다. 2020년 전후로 주택가격이 폭등했을 때 주택연금 가입자 중 많은 가입자들이 주택연금을 중도해지 하고 추후 재가입 또는 처분 후 가격 상승분으로 노후 생활 자금을 마련하는 사례를 보았는데, 결과적으로 이후 주택가격이 많이 하락했으니 당시 계약해지 후 매각한 가입자들은 성공적인 판단이었을 가능성이 크다.

넷째, 오래 살 때 더 많은 혜택을 누리게 된다.

주택연금을 종신형으로 선택할 때 국가는 가입자 사망 시까지 가입 당시 조건으로 연금을 종신 지급하게 되어 있어 국민연금과 더불어 종신연금 지급 기능을 활용해 나갈 수 있는 연금 상품이다. 따라서 오래 사는 것에 대한 경제적 부담을 크게 덜 수 있다. 즉 오래 사는 것이 돈을 버는 것이 된다는 이야기다.

오래 살게 되어 지급된 연금액과 이자 금액이 주택가격을 초과하더라도 상속인인 자녀들에게 청구하지 않는 비소구성을 기본조건으로 하므로 오래 살게 되면 오히려 총연금 수령액이 많아지고 자녀들에게 부담으로 내려가지 않아 장수 우려에 대한 경제적 리스크를 해결하는 데는 좋은 이용 수단 중 하나다.

현재 우리나라의 수명 증가는 유례없는 속도를 나타내고 있다. 불과 20년 전에 은퇴 설계를 상담할 때 90세까지 생존하는 것은 예외적 상황으로 여겨졌지만 현재 은퇴 설계는 100세를 넘어 110세를 염두에 두고 해야 하는 상황이다. 그도 그럴 것이 보험개발원이 발표한 경험생명표에 근거할 때 2000년(3회 경험표)에 73.2세였던 평균연령이 2024년에 해당하는 10회 경험표에서는 무려 88.5세로 24년간 15.3세나 증가한 것으로 나타났고, 전체 인구 중 가장 중간 나이라고 하는 중위연령이 2000년에 남녀 평균 31.8세였으나 2024년에는 45.9세로 24년간 14.1세나 늘어났다. 예상치를 보면 1990년대생이 60세가 되는 2050년에는 생존 인구의 중간이 되는 나이가 56.7세가 된다고 한다.

이러한 속도는 AI의 발달 등으로 더 빨라질 것이 자명하다. 미루어 짐작할 때 현재 주택연금에 가입할 수 있는 연령인 만 55세가 90세가 될 때 예상 평균수명은 105세라는 단순 계산이 나온다. 수명은 내가 정하는 것이 아니라 하늘이 정하기에 누구나 원하지 않는 불확실한 미래를 맞이하는 위험을 지니고 살아가게 되는 것이다.

국가가 지급 여력이 되느냐를 걱정하는 사례가 있는데 국가가 계약을 이행하지 못하고 디폴트가 되면 어떠한 재산의 경제적 가치도 제구실을 하지 못하므로 그 부분은 당분간 염려하지 않아도 된다.

다섯째, 가입 후 주택가격 하락에 연금 수령액이 영향을 받지 않는다.

노후에 가장 큰 비중을 차지하는 재산인 주택가격의 하락은 경제적으로나 심적으로 매우 부담스러운 일이다. 그러나 주택연금은 가입 당시의 주택가격으로 산정된 연금 조건으로 부부 사망 시까지 적용되므로 주택가격이 하락할 때 연금이 줄어들지 않는 효과를 누릴 수 있다. 이 밖에도 주택연금을 이용하는 주택에는 주택가격 5억 원 이하인 경우 재산세 일부 감면(25%)과 연간 200만 원까지 대출이자 소득공제 등의 세제 혜택이 있다.

주택연금을
이용할 때
불리한 점은 무엇인가

연금 수령 기간에 주택가격이 아무리 오르거나 내려도 연금액이 바뀌는 것이 아니므로 주택연금 담보주택 가격이 현저하게 상승할 경우 이미 수령한 연금액과 이자, 보증료 등을 상환한 뒤 계약해지 절차를 거쳐야 한다.

주택연금은 주택담보대출을 연금 형식으로 받는 구조다. 여기에 보험기능이 가미되어 종신 지급될 수 있게 했지만, 주택연금을 신청하면 거주이전이 제한되어 불편할 수 있다. 주택연금을 이용할 때 단점과 고려해야 할 사항을 짚어본다.

첫째, 기대연금액 대비 실제로 지급되는 연금액이 적다.

예를 들어 평가액 5억 원인 아파트를 만 60세(부부 중 적은 나이 기준) 시점에서 주택연금을 신청할 경우 종신 정액형은 2024년 6월 기준 매월 약 99만 원을 받을 수 있는데 이는 원금과 복리로 계산된 대출이자를 합산해 100세까지 지급받는 조건으로 산출된 금액이다. 5억 원을 만 60세에서 100세까지 40년 동안 월 단위로 나누었을 때 166만 원 정도임을 감안할 때 실제 받는 금액이 적다는 생각이 들 것이다.

그러나 매각 후 매각 자금을 사용한다고 가정할 경우 별도 주거비용을 감안해야 하고, 연금의 금융 비용을 고려해야 한다. 연금 수령액을 높이려고 종신지급방식이 아닌 확정기간방식으로 연금 수령 기간을 10년, 15년, 20년, 25년, 30년으로 선택할 수 있으나 확정 기간이 종료되면 연금은 더 지급되지 않지만 부부 모두 사망 시까지 이 주택에는 계속 거주할 수 있도록 함으로써 주거지 확보에는 문제가 없게 했다.

둘째, 초기 가입비와 연 보증료를 부담해야 한다.

주택연금을 신청하면 초기 가입비로 주택가격의 1.5%(대출상환방식의 경우 1.0%)를 최초 연금 지급일에 납부해야 하고, 연 보증료로 보증 잔액의 연 0.75%(대출상환방식의 경우 1.0%)를 매월 납부하게 된다. 보증료는 취급 금융기관이 가입자 부담으로 공사에 납부하므로 연금지급 총액(대출 잔액)에 가산되며, 가입자가 직접 현금으로 납부하지는 않는다.

참고로 대출상환방식은 주택연금을 이용하고자 하는 주택에 대출이 있는 경우 대출상환 목적으로 주택담보대출 한도의 90% 이내에서 자금을 받아 대출을 상환하고 나머지 10%로 연금을 받는 방식을 의미한다.

셋째, 정액형 선택 시 물가상승률만큼 매년 연금 구매력이 줄어들게 된다.

돈의 시간가치를 감안할 때 연금액은 가입부터 사망까지 동일액이 지급되므로 물가상승률만큼 구매력을 잃게 되어 연금의 현재가치를 유지할 수 없게 된다. 물가상승률을 보수적으로 연 2.5%로 가정했을 때 현재의 100만 원은 20년 뒤 물가상승률을 반영한 가치가 61만 원 수준으로 낮아진다.

연금의 지급 방식은 종신형과 혼합형, 확정 기간 혼합방식 등 여러 방식 중 선택할 수 있고 지급 유형으로는 정액형 외에 초기증액형, 정기증가형(3년 단위 4.5%씩 증액) 등 노후 계획에 맞는 수령 방식을 선택할 수 있으나 총지급액이 증가하는 것은 아니므로 증액형이나 증가형은 그만큼 초기에 적게 받게 되는 구조다.

넷째, 가입 시점에 따라 연금액 산정이 달라진다.

연금지급액을 산정하는 연금지급률은 해마다 재산정(3월)되어 이후 1년간 동일하게 적용되며, 결정된 연금지급률에 따라 평생 연금지급액이 정해진다. 연금지급률 결정에 영향을 미치는 핵심 요인으로는 기대여명(평균수명)과 향후 주택가격 상승률(과거 자료를 바탕으로 한 장기 예상치), 연금 산정 이자율이 있다.

요즘과 같이 금리하락이 예상되는 상황(6개월 코픽스 금리 선택 시 3.56%, 2024년 6월 기준)에서는 이자율 부담이 높아 연금액 산정에 마이너스 요인으로 작용하므로 연금 가입 신청 시기의 금리 수준에 따라 평생 받게 될 연금액이 달라질 수 있음을 고려할 필요가 있다. 즉 저금리 기조에 주택가격 상승이 예상되는 시장환경에서 주택연금을 신청할 경우 조금 더 많은 연금을 받을 수 있다는 계산이 나온다.

다섯째, 연금 신청 후 주택가격이 상승해도 연금액이 늘어나지 않는다.

주택연금은 계약 시점에서 확정된 연금이 종신지급형의 경우 종신토록 동일하게 지급되기 때문에 주택가격의 상승이나 하락에 영향을 받지 않는다. 다만 부부 모두 사망 시 또는 중도 계약 해지 시 주택가격을 평가해 연금지급 원리금 상환 후 잔액을 돌려받거나 자녀에게 상속되게 하는 형태다. 연금 수령 기간에 주택가격이 아무리 오르거나 내려도 연금액이 바뀌는 것이 아니므로 주택연금 담보주택 가격이 현저하게 상승할 경우 이미 수령한 연금액과 이자, 보증료 등을 상환한 뒤 계약해지 절차를 거쳐야 한다.

주택을 매각해 매매차익을 실현한 뒤 재가입을 원할 경우 동일 주택은 3년 후, 신규주택은 즉시 재가입 절차 진행이 가능하다. 그러나 동일 주택으로 재가입을 신청하고자 할 경우 3년 후 주택가격이 어떻게 변할지 모르므로 해지 후 재가입을 고려하는 경우 신중하게 주택시장 동향을 살피고 필요시 주거 형태 변경 등 대안을 마련한 후 매각을 진행해야 한다.

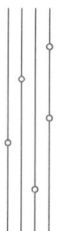

그럼에도
주택연금을
이용해야 하는 이유

종신 지급을 받을 수 있는 국민연금과 주택연금 그리고 개인연금 저축으로 노후생활 자금 마련 포트폴리오를 구성한다면 장수시대 수명의 연장은 경제적 관점에서는 여유와 베풂의 삶을 즐길 수 있는 기회가 될 것이다.

주택연금은 소득이 아니라 보유하고 있는 고정자산을 현금으로 환가하는 과정이다. "구슬이 서 말이라도 꿰어야 보배"라는 속담이 있다. 아무리 재산이 있어도 현금흐름, 즉 소득이 창출되지 않으면 그 재산은 내 것이라고 할 수 없고, 단지 재산관리인이 될 뿐이다.

보유재산의 활용 가치 제고와
패러다임 변화의 필요성

주택은 안식처로서 거주의 가치를 기본적으로 갖고 있고 소유 개념에서 만족을 주지만 이제는 이용 개념과 노후 활용 개념으로 전환할 필요가 있다. 경제적으로 여유가 있고 노후생활 자금 마련에 어려움이 없다면 굳이 복리로 계산되는 대출이자를 부담하면서 주택연금을 이용할 이유가 없다.

하지만 노후 소득 창출에 한계가 있거나 현금흐름을 이용해 고정자산의 소득화가 필요한 경우에는 보유 주택을 적극 활용하는 것이 자산가치 활용은 물론 다가오는 초고령사회에서 궁핍과 위축된 생활을 피할 수 있는 적절한 선택이 될 것이다.

통계청이 발표한 우리나라 60~70대 노년층의 평균 순 재산 규모는 5억 수준으로 OECD 평균 수준에 달하지만, 노후생활의 빈곤은 불명예스럽게도 지속적으로 격차 높은 1위를 나타내고 있다. 이는 대부분 자녀교육과 결혼 등 자녀 뒷바라지를 하고 집 한 채와 약간의 기타자산만 남은 노인 가구가 많기 때문이다.

자식 사랑은 둘째가라면 서러운 국민성은 남은 집마저 어떻게든 자녀들에게 물려주고 싶은 마음에 자신은 궁핍하게 살더라도 집은 지키고 싶어 하는 노인 가구의 모습을 주변에서 어렵지 않게 접할 수 있다.

좋은 부모는 늙어서 자녀들에게 부담을 주지 않는다는 점을 생각할 때 살던 집을 물려주는 것도 자기만족을 위한 일일 수 있다. 그러나 노후생활에서 자신들 살아가기도 녹록지 않을 자식들에게 부양의 부담을 주지 않고 경제적으로 자립하는 것은 물론 자식이나 손주들에게 용돈이라도 주면서 베푸는 삶을 사는 것이 수십 년 후 집 한 채 물려주는 것보다 더 품위 있는 삶을 살아갈 수 있고, 자녀들에게 당당하며, 후손들에게 더 아름다운 추억을 심어주는 부모, 조부모 모습이 될 것이다.

주택가격 변동은 인구 유입 지역과 감소 지역으로 이원화될 것

주택연금 가입 후 주택가격이 하락하면 하락 리스크를 내가 부담하지 않고 정부가 부담하는 것이 주택연금이라는 관점에서 어떤 선택을 하는 것이 좋을지 생각해 봐야 한다. 현재의 40대 이후는 집은 사 놓기만 하면 올라가는 경험을 한 세대다. 그도 그럴 것이 IMF를 겪은 1990년대까지만 해도 경제성장률이 7%대를 넘었기 때문이다.

그러나 이제는 '부동산은 거짓말을 하지 않는 투자자산'이라는 신뢰가 무너진 지 오래고, 강남을 중심으로 하는 대체 불가 지역이나 일자리가 늘어나는 지역, 인구 유입 요인이 있어 인구밀집도가 높아지는 개발지역을 제외한 아파트와 부동산 가격은 단기적 등락은 있겠지만 장기적으로 상승을 기대하기가 어려지고 있다. 가장 큰 이유는 수요 세력 감소로 인구통계 지표를 보면 확연히 드러난다. 경제 석학 피터 드러커는 신뢰할 수 있는 것으로 바꿀 수 없는 역사와 인구통계가 있다고 했다.

과거에는 20~30대에서 20~30평형대, 40~50대에서 40~50평형대의 수요가 이어지는 패턴이었으나 이제는 고평대일수록 받아줄 수요 세력이 크게 줄고 있다. 이러한 현상은 이미 확정되어 있는 인구구조를 고려할 때 10~20년 후 더 심화될 것임을 미루어 짐작할 수 있다.

인구 감소에 따른 주택가격 하락은 이미 2000년 초반부터 회자되었고, 집값을 반드시 잡겠다는 공약을 한 뒤 당선된 당시 대통령의 굳은 의지를 신뢰하고, 주택을 매각한 후 전세로 주거 형태를 바꿨던 주변의 몇몇 지인은 오히려 더 크게 오른 아파트 가격으로 큰 낭패를 보았으며, 이후 크게 후회하며 사는 모습을 가까이서 보았다.

젊은 층이 감소하는데도 주택가격이 상승한 이유는 세대 분가의 급격한 증가와 독신 세대 등 핵가족화가 주요 요인이었다. 이후 오피스텔 분양은 물론 다세대·다가구 주택 건축이 10여 년간 붐을 일으켰고 주택가격, 특히 아파트 가격은 상승과 하락을 거듭하며 현재에 이르고 있다. 향후에도 주택가격이 상승할 것이라고 예상하는 전망의 근거는 독신가구와 2~3인 가구가 계속 증가하고 소득이 상승하는 것을 그 이유로 꼽고 있다.

그러나 수요와 공급에 따른 가격 결정의 원리가 작동하는 부동산시장, 특히 주택시장은 이미 지방 지역과 수도권 외곽 지역은 포화상태로 집이 남아돌고 있음은 물론 인구감소 요인 외에도 실버타운, 요양 시설 등 공동시설 이용률이 증가하고 있어 수도권 이외의 주택 수요는 감소세가 지속될 것으로 예상된다. 현재 약 1만 가구에 달하는 실버타운 입주 세대는 일본의 실버타운 이용자(63만 명 정도)를 고려할 때 국내에서도 지속적 증가가 예상되고 있다. 이는 지난해 말 KB골든라이프에서 80세 이하 전국 3천 명을 대상으로 한 설문조사에서도 실버타운 이용 의향이 있다는 응답이 60.7%나 되었다는 점을 눈여겨볼 필요가 있다.

주택수요 감소는 기존 주택의 공동화 현상을 초래할 수 있는데, 이러한 공동화 현상을 막기 위해 정부가 공시지가 4억 원 이하는 주택이 있어도 주거지 공동화 현상이 진행되고 있는 지역의 주택을 구입하면 2주택으로 인정하지 않겠다는 정책으로 주택 수요를 유도하는 실정이나 이는 일시적 방편일 뿐 근본적 대책이 될 수 없다. 다시 한번 살펴봐야 하는 것은 이미 대부분 은퇴한 1955년생부터 1964년생까지 1차 베이비붐 세대를 제외하고도 2차 베이비붐 세대인 1965년생부터 1974년생까지 은퇴가 진행되는 세대가 800만 명이 넘는다는 사실이다. 이들은 고성장의 효과로 건국 이래 가장 부유한 세대이고, 각종 연금 혜택도 누리는 세대이기도 하다.

이들의 70% 이상이 주택은 보유하고 있지만 그럼에도 통계청 가계자산구조나 리서치 조사에 따르면 65% 이상이 노후 준비가 제대로 되지 않아 노후생활 자금이 부족한 상태로 별다른 소득 없이 재산세나 건강보험료 등 높은 유지비를 부담하며 비싼 주택에 계속 거주하기보다는 도심 외곽 위성도시나 실버타운 또는 저 평형대로 주택 다운사이징을 할 가능성이 높은 세대이기도 하다.

가까운 일본의 사례를 들지 않아도 우리나라의 주택가격은 수요가 꾸준할 것으로 예상되는 강남, 마포, 용산, 성동 등의 인기 지역과 개발 등으로 인구가 유입되어 인구밀도가 높아지는 판교와 같은 자족도

시 그리고 재개발, 재건축이 이루어지는 특정 지역 외에 베드타운 등 주거 밀집 지역은 중장기적 관점에서 주택가격 상승 기대보다는 수요 감소와 단순 주거용 아파트의 노후화 요인 등으로 장기적 관점에서의 가격하락 가능성이 높을 것으로 예상된다.

주택가격의 전망에 대한 이야기를 한 것은 특정 지역 아파트나 주택이 아닌 경우로서, 노후 준비가 제대로 되어 있지 않은 경우 주택연금의 활용을 적극 검토하는 것이 현명한 선택이 될 수 있음을 설명하기 위한 것이다.

노벨 경제학상을 수상한 로버트 머튼은 은퇴 재무설계 전문가로서 파생상품의 가격이론 중 블랙-숄즈-머튼 모형을 유도한 것으로 금융시장에서 유명한데 그는 자산을 소득 흐름으로 바꿀 수 있는 주택연금제도를 "은퇴자에게 내린 축복"이라 칭하며 적극 활용할 것을 권하고 있다.

종신 지급을 받을 수 있는 국민연금과 주택연금 그리고 연금 수령기간을 조정해 연금 수령액을 조절해 나갈 수 있는 개인연금 저축으로 노후생활 자금 마련 포트폴리오를 구성한다면 장수시대 수명의 연장은 경제적 관점에서는 여유와 베풂의 삶을 즐길 수 있는 기회가 될 것이다.

주택연금을 이용하면 좋은 경우 vs 주택연금을 이용하지 않는 것이 좋은 경우

이용하면 좋은 경우

1. 경제적 노후 준비가 많이 부족한데 주택을 보유하고 있는 경우
2. 현재 건강하고, 건강관리를 잘 해나가고 있다고 생각될 때 → 기대여명이 평균수명 이상일 때
3. 독거하거나 부부간에 나이 차이가 크지 않을 때 → 연금 수령액을 높일 수 있음
4. 베드타운이라고 생각되는 주거지역에 거주할 때 → 향후 주택가격 하락 가능성 높음
5. 자녀가 없을 때 → 주택을 남기고 죽을 이유가 적음

이용하지 않는 것이 좋은 경우

1. 부부간의 나이 차이가 클 때 → 연소자 기준 연금 산정으로 월 연금액이 적음
2. 주택 다운사이징 또는 이사를 예정하는 경우 → 새로 매입한 주택가격이 낮을 경우 받은 연금 중 일부 상환 등 복잡해질 수 있음
3. 재개발, 재건축이 예정되어 있는 주거지역 거주 → 담보권 설정에 문제가 될 수 있고 이주비 대출을 받지 못하게 될 수도 있음
4. 주택 평가가액이 낮은 경우 → 연금액이 적어 주택연금 이용이 별 도움이 되지 않음

5. 이혼 또는 재혼 시 → 주택연금 이용 도중 가입자와 이혼한 배우자나 재혼한 배우자는 주택연금을 받을 수 없고, 가입자 사망 시 종결되어 청산되며 새로운 배우자는 연금 수령이 불가함(가입 당시 혼인 관계가 기준)

나가며

그래서 결론은
연금이다!

　부유층의 자산관리와 은퇴 설계를 직업으로 해온 필자의 주변에는 노후생활 준비를 위한 연금 상품에 관심을 두고 적극적으로 가입해 관리하며 좋은 운용 성과를 얻고 있는 연금투자자도 많다. 하지만 노후생활을 준비할 저축 여력 부족과 연금 상품 수익률 저조로 연금에 대한 부정적 견해는 물론 장기저축에 따른 화폐가치 하락, 즉 인플레이션으로 인한 구매력 저하 등의 이유로 연금무용론을 주장하는 사람들도 있다. 또한 적지 않은 은퇴 예정자들이 수익성 부동산이나 높은 수익을 좇아 국내외 주식시장에 집중하는 모습도 많이 볼 수 있다.

연금예찬론자와 연금부정론자

　누구나 피할 수 없는 노후생활에서 건강 다음으로 중요하다고 손꼽히는 것이 경제력이다. 혼자 살든 부부가 함께 살든 경제력은 재정적 안정으로 정서적 안정감과 사회적 안정감을 주고 노후 삶의 질을 결정하는 주요 요소이며, 대인관계나 가족관계에도 많은 영향을 미치게 된다.

　현실적 노후생활 자금 마련 방법으로 가장 적합한 방법에 대해 현직 종사자와 은퇴생활자를 대상으로 2023년에 조사한 결과 국민연금과 공무원연금 등 공적연금과 퇴직연금, 개인연금, 주택연금으로 노후생활을 준비하는 방법을 선택한 응답자가 65.6%나 되었고, 그 외 금융소득 12.3%, 부동산 임대소득 8% 순으로 나타났다.

　은퇴생활자를 대상으로 한 다른 조사에서는 노후 생활비 충당 방법에서 공사적 연금으로 생활비를 충당해 나간다는 응답자의 70%가 노후생활 자금 마련에 여유가 있다고 응답한 반면, 가족의 수입이나 자녀 용돈, 기초생활연금, 기타 수입 등으로 노후생활 자금을 충당해 나간다는 답변에서는 여유가 없다, 부족하다는 응답의 비율이 높았다.

    이처럼 연금은 평균인이 선택할 수 있는 가장 현실적이고 접근이 용이하며 언제든 누구든 시작할 수 있는 노후 자금 마련 수단이고 방안이다.

노후생활 자금 마련 방법

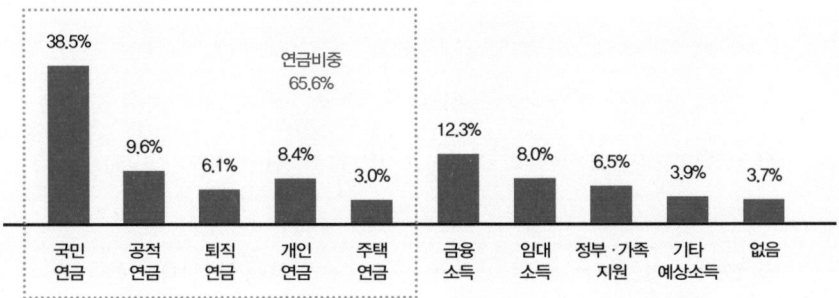

* 자료: 〈2023KB골든라이프보고서〉

    그러나 노후생활에 필요한 경제적 재원 마련이 중요함을 알지만 준비에는 그다지 적극적이지 않다는 조사자료가 발표되고 있다. 당장 삶이 녹록지 않아 저축할 여력이 없는 이유도 있겠지만 많은 경우 우선순위에서 당장 급하지 않다는 이유로 뒤로 미뤄지고, 후회할 것을 알면서도 노후 자금으로 저축하는 돈을 중도인출 해 다른 용도로 사용하는 의사결정을 하는 사례가 종종 있다.

이는 연금 상품 가입자 중 5년 내 중도해지를 하는 비율이 33%가 넘는다는 통계에서도 확인할 수 있다. 이러한 행동은 가용성 편향 중 현재 편향이 작용하기 때문인데 현재 편향은 미래의 필요는 과소평가하고 현재의 필요를 과대평가하는 심리다.

생애 전체로 보면 더 큰 가치가 부여되지만 당장 직면한 문제를 해결하려고 그 가치가 과소평가되는 것인데, 퇴직을 앞둔 예비퇴직자나 은퇴생활자를 대상으로 조사한 설문조사에서도 노후 준비를 위한 저축을 더 많이 하지 못한 것과 퇴직금 중간 정산금을 타 용도로 사용한 것, 연금 상품의 중도해지, 수익률 관리 소홀을 가장 후회스러운 일로 답하고 있음에서도 알 수 있다.

노후 준비가 우선순위에서 밀릴 경우 노년에 생계를 위해 돈을 버는 노동은 육체적으로 무리가 되어 또 다른 악순환의 고리를 만드는 단초가 된다. KB경영연구소가 퇴직을 앞둔 가구를 조사한 결과 공적연금 외에 개인연금을 준비한 가구가 준비하지 못한 가구보다 기대 노후생활 만족도가 33%나 높은 것으로 나타났다.

이와 다른 관점에서 50~60대 퇴직자를 대상으로 조사한 자료에 따르면 퇴직 후 가장 후회되는 것은 노후 자금 마련을 위한 저축을 더 많이 하지 못한 것(54.3%)이었고 세부 항목으로 퇴직금을 중간 정산 받아 제대로 관리하지 못했던 것, 가입했던 연금을 중도 인출 또는 해지한 것, 연금자산을 수익성을 높일 수 있는 상품에 분산투자 하지 않고 안전 상품에만 예치해 수익률이 너무 낮은 것 등으로 나타났다.

**우리의 노후생활에
연금이 반드시 필요한 이유**

경제권이 있는 여성들이 소득이 불안정한 자영업자나 사업가보다 급여소득을 좋아하는 이유는 수입이 안정적이고 예측 가능해 생활이 안정되고, 생활비 마련에 대한 스트레스가 적기 때문이다. 또한 안정된 수입은 가족 간 유대감을 높일 수 있고 거주·이전을 자유롭게 할 수 있기 때문이다. 노후생활에서도 안정적 소득은 건강한 노후생활에 중요한 역할을 하게 되는데, 노후에 필요한 생활 자금을 연금으로 확보할 때 좋은 점을 살펴보면 다음과 같다.

첫째, 안정적 수입원 확보로 현금흐름 예측이 가능하다. 연금은 수령 시기를 조절할 수 있고, 연금지급방식 중 체감형이나 체증형(일부 연금 선택 불가), 즉 은퇴 초기 외부 활동이 활발할 때 연금 수령액을 높이고 여가 활동 등 외부 활동이 줄어드는 70대 이후에는 연금액이 줄어드는 구조를 활용함으로써 돈의 사용가치를 높일 수 있다.

둘째, 연금을 규칙적으로 수령해 안정된 생활을 영위할 수 있다. 국민연금이나 금융기관이 취급하는 사적연금 모두 연금지급일이 휴일이면 휴일 전일 받을 수 있고 지급이 연기되는 일이 없으며, 별다른 약정이 없으면 정기적으로 받을 수 있어 소비 계획을 용이하게 함으로써 안정된 생활을 영위할 수 있다.

셋째, 노후에는 재산을 지키는 것이 아니라 재산으로부터 보호를 받아야 한다. 목돈이나 부동산 자산은 늘 신경 쓰며 관리하고 지켜나가야 하지만 연금은 내 노후생활에 안정과 평안의 토대가 되고 목돈이나 부동산 임대소득과 같은 관리 스트레스를 줄일 수 있다. 나이가 들면 신체 기능이 떨어져 판단력은 물론 같은 말을 들어도 이해가 늦을 수 있는데, 금융상품은 복잡·다양해지고 있다.

그렇다고 안전한 정기예금만 고집하자니 수익성이 떨어지고, 수익을 조금이라도 높이고자 하면 상품 구조가 복잡해지고 위험이 따른다. 조금이라도 이자를 더 준다고 하면 귀가 솔깃해 찾아다니지만, 이 또한 정보력과 많은 수고가 필요하고 이자를 조금 더 받는다 하더라도 풍부한 시장 유동성에 따른 저금리 기조 진입 시 대안이 없다.

부동산의 경우 임대수익을 관리하기가 나이가 들수록 어려워진다. 임대 관리가 원활하면 문제가 덜하지만 그렇지 않을 때 그 스트레스는 이만저만이 아니다. 관리인을 두자니 수지가 맞지 않는다. 또 시간이 지날수록 건물의 개·보수 요청에 대응하기가 만만치 않다.

부동산 임대소득으로 생활비를 조달하는 꼬마빌딩 소유자나 근린주택 소유자들의 건물임대 관리는 나이가 들수록 어려워지고 힘들어지는 것은 물론 임차료 미납으로 소송이라도 하게 되면 경제적·정신적 어려움이 훨씬 더 커진다. 이러한 점에서 연금 수령을 통한 노후생활은 삶의 질을 높인다고 할 수 있다.

넷째, 저율 과세, 건강보험료 대상 제외 등 비용의 효율성을 도모할 수 있다. 금융자산으로 운용 시 이자나 배당소득에 기본적으로 15.4%의 소득세를 부담하고 소득이 많으면 금융소득 종합과세로 더 높은 세율을 부담해야 한다. 연금 상품 활용 시 세액공제는 물론 연금 수령액에 대한 저율과세(3.3~5.5%) 적용으로 소득원이 제한되어 한 푼이라도 아쉬운 노후에 재원 운용관리에 효율성을 기할 수 있다.

또한 국민연금과 공적연금을 제외한 퇴직연금이나 개인연금의 경우 수령금액과 관계없이 건강보험료 산정에 포함되지 않아 건강보험료 부담을 줄일 수 있다. 일반 금융자산으로 운용 시 이자, 배당소득이 1천만 원을 초과할 경우 건강보험료 산정에 합산됨으로써 건강보험료가 많아진다.

다섯째, 삶의 여유를 누릴 수 있다. 경제적으로 부유한 경우를 제외한 대부분 은퇴생활자 중 가장 안정적이고 여유롭게 사는 부부들은 대부분 연금으로 기본 생활비를 확보하는 분들임을 알 수 있다. 상담을 통해서도, 동네 아파트 헬스클럽에서도 그런 분들을 쉽게 접할 수 있는데 연금으로 기본 생활비를 확보해 둠으로써 일단 생활 걱정이 없고 나머지 돈에서 수익이 생기면 해외여행을 한 번 더 가거나 아이들 용돈을 주고, 수익이 안 생겨도 쫓기거나 불안해하지 않을 수 있다.

다른 보유재산이 설령 잘못된다 해도 매월 연금이 꼬박꼬박 나오니 사는 데는 걱정이 없다. 은퇴생활자 중 헬스클럽에 자주 나오는 분들의 공통점 중 하나는 연금으로 필요한 생활비를 어느 정도 확보했다는 것이다. 그들은 건강관리에 더 열심인데 그것이 무엇을 의미하는지 알 수 있을 것이다.

여섯째, 연금이 자녀들을 효자·효녀로 만든다. 연금으로 노후를 준비해 둔 부모의 자녀들은 부모님이 오래 사는 것에 대한 걱정이 적다. 건강관리만 잘 해나간다면 오래 사는 것이 오히려 자녀들에게도 도움이 될 수 있기 때문이다. 지인들과 고령의 부모님 이야기를 나누다 보면 유독 부모님 건강을 챙기고 효심이 가득해 보이는 사람이 있는데, 이는 부모님이 재산이 많아서가 아니라 종신연금이 확보되어 있는 경우, 즉 부모님이 살아 있어야 두둑한 연금을 받을 수 있는 경우였다.

고령화가 급속히 진행되면서 자녀가 부모를 부양할 수 있는 시대는 1, 2차 베이비붐 시대로 끝났다고 보는 것이 적절하다. 주 소득을 창출할 수 있는 실질적 재직기간은 오히려 줄어들고 그들도 수명 증가로 노후 준비를 해야 하는 상황에서 스스로도 살기가 버거운데 부모는 물론 배우자 부모까지 지원해야 한다면 모두 가난하게 살아갈 수밖에 없다. 자녀들에게 경제적 지원을 기대하기보다는 스스로 소득원을 확보해 경제적 필요를 해결하면서 살아간다면 자녀들에게도 부모님의 장수가 짐이 되지 않을뿐더러 부모 또한 자녀들에게 베푸는 삶을 살며 가족관계가 더 돈독해질 수 있다.

노후에 목돈이나 부동산을 가지고 있으면 자녀를 불효자로 만들 수 있는데, 이것이 재산의 세대 이전을 바라는 자녀 세대와 노후생활을 위해 지켜나가야 하는 부모 세대 간 불화의 요인으로 작용하기 때문이다. 그러나 자산을 연금화시켜 놓으면 부모가 오래 살아도 자신들에게 경제적 부담을 주지 않고 오히려 가족 간에 좋은 관계를 유지하는 방법이 될 것이다.

　일곱째, 각종 사기나 불법, 위험으로부터 자신을 지킬 수 있다. 돈이 있는 것을 알면 지인이나 친척, 친구 등이 교묘하게 접근해 모략을 펼친다. 아울러 사기와 불법의 유혹은 그칠 줄 모르고 주변에서 일어난다. 2023년 금융사기로 돈을 잃은 피해자가 1만 1,500명이나 되며 피해액은 약 2천 억원이나 되고, 이 중 1억 원 이상 사기를 당한 고액 피해자는 231명에 달한다고 한다. 이 중 50~60대의 피해액이 1,260억이나 된다는 점은 시사하는 바가 크다.
　연금은 가져갈 수 있는 돈이 한계가 있다. 목돈을 가지고 있는 것이 아니라 매월 지급되어 화수분과 같이 공급되므로 사기를 당할 염려 없이 안정과 평안을 누릴 수 있다. 이는 연금생활자들이 공통적으로 하는 말로, 노후에 연금이 얼마나 효과적인지를 일깨워 주는 것이라 할 수 있다.

노후에 고정자산을
연금자산으로 전환해야 하는 이유

　그동안 가장 매력적인 노후생활 자금 마련 방법으로 부동산 투자는 임대수익을 얻으면서 부동산 가격 상승에 따른 자본이득을 취할 수 있어 모두의 로망이었다. 하지만 부동산 시장은 저성장의 지속과 함께 저출산으로 인한 경제활동인구 감소와 고금리 추세 지속, 경기침체에 많은 영향을 받고 있고, 이커머스(e-Commerce)에 기반한 인터넷 쇼핑 시장의 급격한 거래 규모 상승세는 새로운 수요가 창출된 것이 아니라 오프라인 시장, 곧 상가 등의 매출 잠식이 대부분으로 이는 임대 수요를 낮추는 핵심 요인으로 작용하고 있다.
　향후 부동산 임대시장은 지리적·특징적 인기 지역, 즉 인구가 지속적으로 유입되는 지역을 제외하면 대부분 안정적인 수익을 확보하기가 어려울 것으로 전망하고 있다. 부동산 시장의 대명사로 가장 확실한 투자처였던 강남 지역의 경우 필자는 20여 년 동안 부동산 매매에 따른 자금 중개와 매각자금 관리, 매입한 빌딩의 임대 수입 관리 등을 자문하면서 최근처럼 임대수익률이 낮아진 적을 보지 못했다.

　부동산 가격이 상승하면서 이를 반영한 임대수익률은 계속 하향세를 그려왔고, 현재 강남에서 3%대 이상 수익을 내는 임대부동산은 찾아보기가 힘들어졌다. 많은 분이 부동산 가치상승을 기대하고 고금리 대출이자를 부담하며 보유하나 저금리시대와 같지 않은 금리 추세와 임대수익 저조로 유지가 어려워짐으로써 매도를 희망하는 매물은 켜켜이 쌓이고 있고 공실은 늘어만 가고 있다.

　금리가 낮아지면 거래가 활성화되며 부동산 가격이 상승할 것으로 기대하지만 주요 지역이나 핵심 상권 지역에 위치한 부동산 이외에는 금리가 다소 낮아진다 해도 저성장 지속과 심각한 저출산에 따른 생산인구 감소, 과도한 공실발생 등으로 과거처럼 사놓고 기다리면 올라가는 것을 기대하기가 쉽지 않다.

　그나마 괜찮은 임대용 부동산은 재력가가 아니면 엄두를 낼 수조차 없을 만큼 가격이 높아진 상태로 특정인의 전유물이 되어 있고, 특정 개발지역이나 재건축·재개발 지역을 제외한 지역의 꼬마빌딩, 근린시설, 오피스텔 등 노후생활 자금을 마련하려고 투자하고 있는 부동산들의 가치상승 기대는 그다지 희망적이 않은 반면 임대 수요의 지속적 감소로 노년기 부동산 임대·관리에 대한 부담이 높아진다는 점에서 노후생활 자금 마련 수단으로 투자금 대비 매력적이지 않다.

또한 부동산은 주식과 달리 보유하고 있으면 수익이 나든 나지 않든 보유세나 관리비 부담이 생기고 감가상각이 된다. 은퇴생활자를 대상으로 한 조사에서 8%만이 부동산 임대소득이 노후생활 자금 마련에 도움이 된다고 답하고 있어 부동산 임대소득을 통한 노후 자금 마련의 패러다임이 바뀌고 있음을 알 수 있다.

우리나라보다 노령화가 빨리 진행된 선진국가의 노년층 자산구조는 우리나라와 완전 반대로 금융자산, 특히 연금자산 비중이 높고 부동산 자산 비중이 낮은데, 그 이유는 나이가 들수록 부동산 자산 임대·관리의 어려움과 기회비용 문제를 해결하고 자산을 소유가 아닌 소득 흐름으로 바꾸어 살아생전 이용 가치를 높이려는 것이다.

그런데도 여전히 주변에는 부동산 투자로 가치상승과 임대수익을 창출하겠다고 꿈꾸거나 의욕이 앞서는 젊은 층에서는 비트코인 등으로 한 방을 기대하며 투자처를 찾지만, 이것은 단지

허망한 꿈으로 끝날 가능성이 매우 높다.

정리하면 노후의 재산관리 원칙으로 가능한 한 자산관리를 단순화하고 투자자산은 연금화해 현금흐름이 발생하도록 하는 것이 열심히 모은 재산을 가치 있게 잘 활용하는 것이다.

젊을 때는 무엇이든 마음만 먹으면 일해서 생활비를 조달할 수 있고 또 젊음으로 살아갈 수 있지만, 나이가 들면 돈의 힘을 이용해야 할 일이 많다. 현금자산 20억 원을 가지고 있으면서도 고독하게 홀로 지내며 라면을 주식으로 삼아 영양실조로 돌아가신 가회동의 할머니가 되지 않으려면 경제적으로 여유를 가져야 하고, 관계를 만들어 가야 하며, 무엇이든 사회와 접할 수 있는 일거리를 만들어야 한다.

아직 젊은 층이라면 욜로 생활을 즐기기보다는 반드시 맞이할 수밖에 없는 노후생활이라는 긴 시간을 누리고 즐길 수 있도록 하겠다는 꿈을 가지고 저축을 해야 하며, 꿈을 저축하면 그 꿈이 현실이 될 것이라는 어느 명사의 말씀을 새겨들을 필요가 있다. 중년과 노년이라면 재산을 재구성해 지키고 관리하는 수고를 내려놓고 자산을 연금화해 안정적인 생활로 노후 삶을 가치 있고 의미 있게 보내도록 해야 한다.

부록

풍요로운 연금을 위해
이 정도 용어는 꼭 알아야 한다

○ **ELB**(Equity Linked Bond, 주가연계 파생결합사채)

증권사가 자금을 조달하려고 자신의 신용으로 발행하는 파생결합사채로, 주가지수나 개별 주식 등 기초자산의 수익률에 따라 사전에 약정된 수익이 결정되며, 중도 상환을 요구하지 않으면 원금이 손실되지 않는 원금보장형 상품이다.

○ **ETF**(Exchange Traded Fund, 상장지수펀드)

산업이나 업종 등 테마별 주식이나 채권가격을 지수로 만들고 이를 주식시장에 상장시켜 주식처럼 편리하게 거래하도록 만든 상품으로 개별종목이 아닌 지수의 수익률을 추종하며, 여러 종목에 분산투자 하는 펀드의 장점과 거래소에 상장되어 거래되는 주식의 장점을 모두 가지고 있다.

○ ELS(Equity Linked Securities, 주가연계증권)

개별 주식의 가격이나 주가지수 등에 연동해 수익률이 결정되는 파생상품으로 ELS에서 정한 기초자산의 가격이 일정 비율 이상 상승하거나 하락하는 경우 사전에 정한 수익률을 얻도록 구조화되어 있으며, 예금 대비 높은 수익률을 추구하면서도 주식이나 선물 옵션에 비해서는 안정성을 확보할 수 있도록 하는 금융상품이다.

○ 국민연금 연계감액제도

만 65세 이상 국민으로 소득하위 70%에 해당하는 경우 국민연금 보험 가입 여부와 상관없이 보건복지부 장관이 정한 일정 소득 이하의 모든 국민에게 지급하는 기초연금 수급자가 국민연금을 수령하게 될 경우, 국민연금 수령액이 기초연금(단독 월 33만 4천 원, 부부 53만 3천 원)의 150%를 초과하는 금액 이상이면 기초연금을 전액 받지 못하고 최대 50%까지 국민연금 수령액에 연계해 기초연금이 감액 지급되는 제도이다.

○ TDF(Target Date Fund, 목표시점펀드)

투자자 개인의 예상 은퇴 시점에 맞춰 주식 등 펀드 내 위험자산의 비중을 낮추고 안전자산의 비중을 점진적으로 높여 은퇴 시점에서는 보수적으로 운용되도록 함으로써 수익 추구와 위험관리가 적절히 이루어질 수 있도록 만들어진 자산배분펀드이다.

○ TIF(Target In-come Fund, 목표소득펀드)

투자자의 은퇴 자산을 효과적으로 유지하면서 자금을 배당, 임대소득, 채권이자 등 현금수입이 발생하는 자산에 주로 투자한 후 발생한 수입으로 노후생활 자금을 마련할 수 있도록 만들어진 노후 자산관리에 특화된 맞춤형 펀드이다.

o **리츠(Real Estate Investment Trusts, 부동산투자신탁)**

소액투자자들로부터 자금을 모아 부동산이나 부동산 관련 자본·지분(Equity)에 투자해 발생한 수익을 투자자에게 배당하는 방식의 상품으로, 부동산개발사업·임대·주택저당채권 등에 투자해 수익을 올리며 만기는 대부분 3년 이상이다.

o **인버스와 레버리지**

인버스(Inverse)는 증시가 상승할 때 수익률도 상승하는 보통 펀드와는 달리 하락장에서 수익을 내도록 설계된 상품 구조를 말하며, 레버리지(Leverage)는 자기자금 외에 수익 극대화를 위해 차입자본(부채)을 끌어다가 투자 규모를 늘리는 전략으로 투자 수익을 높일 수 있지만 큰 손실이 발생할 수 있는 고수익 고위험 투자전략이다.

o **커버드 콜(Covered Call)**

특정 자산(예: 삼성전자 주식)을 매수하고 동시에 특정 자산(삼성전자 주식)을 장래에 정해진 기간에 정해진 가격으로 살 수 있는 권리인 콜옵션(Call Option)을 팔아서 프리미엄을 확보하는 방식의 거래유형을 일컫는 용어다. 미래의 주가 상승 시 발생하는 자본 차익을 포기하는 대신 살 수 있는 권리가 가지는 프리미엄 매도로 수익이 창출되고 이를 배분하는 운용 전략이다.

- **미국 S&P500지수**

    미국의 신용평가회사 스탠더드앤드푸어스사가 뉴욕증권거래소와 나스닥에 상장된 주식 중 시가총액이 높은 미국 500대 기업의 시가총액 기준 주가지수, 즉 기준 시점의 시가총액에 비해 늘어난 현재의 시가총액을 나타낸 지수다.

- **나스닥100지수**

    미국 뉴욕 월가에 있는 미국의 대표적 증권거래소 중 하나인 나스닥증권거래소에 상장된 주식 중 금융주를 제외한 시가총액 상위 100종목의 주가로 구성된 지수로 NASDAQ Inc.에서 산출·발표하는 지수다. 상품명에 '나스닥100'이 들어간 상품은 모두 나스닥100지수에 연동해 수익 창출을 목표로 만들어진 상품이다.

- **현금흐름**

    가계의 수입과 지출이 발생하는 부분을 적절히 관리해 가계재정을 안정화하고 필요한 시기에 필요한 자금을 현금재원으로 조달할 수 있도록 하는 것을 의미한다. 주식, 채권, 부동산 자산 등은 언제든지 현금자산으로 바꿀 수 있는 자산이 아니고 시장 상황에 따라 현금화할 때 손실을 감수해야 하거나 오랜 기간이 소요됨으로써 돈이 필요할 때 현금조달을 할 수 없게 된다. 아무리 재산이 많아도 당장 쓸 돈이 없으면 대출을 받거나 원치않는 가격에 자산을 매각해야 하는 문제가 발생하게 되는데 이러한 문제가 발생하지 않도록 해나가는 것을 현금흐름 관리라고 한다.

- **벼락거지**

  아파트 가격이 떨어질 것을 기대하고 구입을 미루고 있었는데, 예상과 다르게 갑자기 아파트가격이 상승하게 됨으로써 현격히 높은 가격에 아파트를 구입해야 하거나 구입할 수 없게 되는 상황을 의미하며, 부동산가격 상승으로 인해 더 빈곤해진 무주택자를 지칭하기도 한다. 다른 경우로는 주식이나 부동산, 코인 등의 투자실패 또는 사고나 재난, 질병 등으로 갑자기 경제적 어려움에 처하게 되는 상황을 벼락거지가 되었다고 한다.

- **만다라트**

  창의적인 문제해결 및 아이디어 생성을 돕는 시각적 도구로 기존의 틀이나 생각을 벗어나 새로운 관점을 얻고자 할 때 사용하는 것으로 세계적인 유명 야구선수가 된 일본의 오타니가 자기의 문제점이나 약점을 보완하고 강점을 살리기 위한 자기계발과 성장, 발전을 위한 도구로 만다라트를 활용함으로써 많이 알려졌다.

- **사용가치**

  부동산의 사용가치란 거주나 업무공간 또는 다른 용도로 활용을 하고자 할 경우 유용성, 편리성, 효율성, 시설 정도 등의 가치를 의미하는 것으로 부동산 보유 또는 구입하고자 할 경우 중요한 의사결정 요인 중 하나로 작용한다.

- **주택연금**

  부부 중 한 사람이라도 만 55세 이상인 경우 보유 주택을 담보로 매월 연금을 받을 수 있도록 하여 부족한 노후생활 자금을 조달할 수 있도록 함으로써 노후 경제적 안정을 지원하기 위해 국가가 운영하는 역모기지(역주택담보대출)를 의미한다. 주택연금을 이용할 경우 부부 모두가 사망할 때까지 그 주택에 거주할 수 있도록 주거의 안정도 보장된다.

o **양도소득세**

부동산이나 비상장 주식 등 자산을 팔 때(매도) 발생한 차익(취득가액과 매도가액의 차이)에 대해 부과되는 소득세를 의미한다. 일반적으로 양도차익의 크기에 따라 10~45%의 누진세율이 적용된다.

o **입법예고**

국민의 권리 의무 또는 일상생활과 밀접한 관련이 있는 법령 등을 재정, 개정, 폐지하는 경우 입법안의 취지 및 주요 내용을 미리 예고하여 입법 내용에 대한 문제점을 검토하여 국민의 의사를 반영함으로써 국민의 입법 참여기회를 확대하기 위한 제도이다(출처: 네이버 지식백과).

o **카더라통신**

출처가 불분명하고 신빙성이 떨어지는 자료 또는 정보를 사실인 것처럼 말하는 것을 사실인 것처럼 믿거나, 다시 다른 사람들에게 전하는 흐름을 의미한다. 카더라는 "~라 하더라"의 동남 방언으로, 이런 식의 소문은 또한 종종 "~아니면 말고"식의 표현과 함께 쓰인다.

○ **레버리지 효과**

일명 지렛대효과라고 할 수 있는데 적은 돈으로 투자효과를 높이기 위해 대출이나 타인자금 등 부채를 이용하여 수익을 극대화할 수 있는 효과를 의미한다. 부동산이나 주식투자 시 부채를 이용해 자기자금보다 큰 규모의 투자를 할 수 있도록 함으로써 가격상승 시 큰 수익을 얻을 수 있게 된다. 예를 들어 자기자금이 1천만 원 있을 때 1천만 원을 투자하여 10% 수익이 발생하면 100만 원의 수익을 얻을 수 있지만 대출을 9천만 원 받아 자기자금 포함 1억을 투자하여 10%의 수익이 발생하면 1천만 원의 수익이 발생하게 되는 효과로 설명할 수 있다. 반대로 손실이 발생하면 레버리지 비율만큼 손실이 발생하게 되어 매우 공격적이고 위험한 투자가 될 수 있다.

○ **맥쿼리인프라펀드**

유료터널이나 도로, 항만, 교량 등 사회 인프라 자산에 투자하여 안정적인 배당수익을 추구하는 펀드로 인프라투자의 전문성을 가지고 있으며, 오랜 역사를 지닌 펀드로서 같은 유형의 인프라투자 펀드 중 가장 대표적인 펀드라고 할 수 있다.

○ **리밸런싱**

투자하고 있는 펀드 등의 자산에 대해 운용성과나 시장전망에 따라 포트폴리오 내에서 투자비중을 조절하는 과정을 의미하는 것으로 수익을 높이고 위험을 줄이기 위한 목적으로 주로 사용되는 자산운용 관리 전략중 하나의 방법이다.

○ **포모(FOMO)족**

FOMO(Fear Of Missing Out)란 다른 사람들이 자신보다 더 좋은 기회를 얻거나 경험을 하고 있다는 두려움이나 불안감을 의미하는 것으로, 포모족이란 다른 사람들만큼 자신의 삶이나 선택이 충분하지 않다고 생각하고 이에 불안을 느낀 나머지 만회하기 위해 무모한 선택이나 행동을 하는 유형이라 할 수 있다. 본래는 '한정판매'와 같은 마케팅 용어이지만 사회적 병리현상을 설명하는 용어로 쓰이고 있다.

○ **경기선행지수**

향후 6개월 내 경기 변동을 예측할 수 있는 지표로 주식시장 지표(주가지수, 주식거래량), 소비자심리 지표(소비자심리지수, 소비자기대지수 등), 기업경기지표(기업경기실사지수, 설비투자계획 등), 기타지표(건설수주액, 수출입물가지수 등)를 기반하여 산출되며, 이를 바탕으로 향후 경기변동 방향을 예측하고 대응전략을 수립할 수 있다. 개인의 투자에 있어서도 이러한 지표를 활용할 경우 시장의 큰 흐름을 활용하여 투자를 결정하거나 투자비중을 조절해 나갈 수 있다.

○ **소비자물가지수(CPI)**

정부의 공식 전자정부누리집에서 제공하는 주요 상품과 서비스의 가격변동을 측정하여 제공하는 경제지표 중 하나로 소비자이다. 이 지수는 대표품목의 가격 변화를 반영하여 계산되며 지출목적별, 품목 성질별, 지역별 동향을 제공한다. 투자에 있어 소비자물가지수는 정부의 경제정책 수립에 영향을 미칠 뿐만 아니라, 기업의 실적, 가계의 소비 등 다양하게 영향을 미치며 경기의 흐름을 파악할 수 있는 중요한 경제지표 중 하나이다(출처: 네이버).

o **생산자물가지수(PPI)**

국내생산자가 상품과 서비스의 수급동향 파악과 경기동향 판단에 활용되는 지표이다. 생산자물가지수는 국내 내수시장에 공급하는 상품 및 서비스의 가격의 변동을 종합한 지수로서, 한국은행에서 매월 작성하여 공표하고 있다. 생산자 물가지수는 인플레이션 예측, 통화 가치, 금융 시장 등 다양한 측면에서 중요한 지표로 활용되고 있다(출처: 네이버).

o **미국 고용 지표**

미국 경제의 상태를 나타내는 주요 지표 중 하나로 연준(Fed)의 통화정책 방향 결정에 중요한 역할을 한다. 고용지표에 따라 경기침체 등 다양한 시나리오 예측이 가능해진다. 따라서 미국의 고용지표는 미국 경제상황을 파악하고 투자전략을 수립하는 데 매우 중요한 지표로 활용되며, 특히 연방준비은행의 통화정책 결정에 큰 영향을 미치므로 장, 단기 투자 시 본 지표를 주시할 필요가 있다.

o **소비자 신뢰지수**

소비자가 경제 상황을 얼마나 긍정적으로 평가하고 있는지를 나타내는 지표로서 이 지수가 100 이상이면 소비자가 경제를 긍정적으로 평가하고 있음을 의미하며, 반면 이 지수가 낮으면 소비자들이 더 저축하고 적게 소비하는 경향이 나타난다. 소비자신뢰지수는 매월 조사되며 미래의 기업상황 및 고용상황, 향후 6개월간의 가계 총소득 등에 대한 소비자의 다양한 측면의 태도를 추적한다. 이를 통해 소비자의 전반적인 경제 상황에 대한 인식을 파악할 수 있다(출처: 네이버).

○ **이동평균선**

주식이나 파생상품가격 과거 수치의 평균을 산정해 현상을 파악하여 현재의 매매와 향후 미래의 예측에 접목할 수 있도록 하고자 하는 목적으로 이용되고 있다. 주가의 단순이동평균이 자주 쓰이지만 지수평균(EMA), 가중평균(WMA) 등을 사용하는 경우도 있다. 개인투자자들이 주로 많이 쓰는 건 5일, 10일, 20일, 60일, 120일 이동평균선이다. 주로 20일 이동평균선까지는 단기, 60일까지는 중기, 120일 초과 이동평균선은 장기 이동평균선으로 구분한다. 모든 이동평균선은 그 자체로 저항과 지지의 역할을 수행하며 추세를 보여준다. 특히 이동평균선 기간이 길수록 지지, 저항, 추세의 의미가 크다. 단기이동평균이 상승하고 있는데 위에서 장기이동평균이 하락하고 있다면 대부분의 경우 돌파하지 못하고 하락하게 됨을 알 수 있게 한다(출처: 네이버).

○ **상대 강도 지수(RSI)**

주식, 선물, 옵션 등의 기술적 분석에 사용되는 보조지표로 상대 강도 지수는 가격의 상승압력과 하락압력 간의 상대적인 강도를 나타낸다. RSI를 통해 주식시장의 상황을 판단하고 향후 주가 움직임을 예측할 수 있다. RSI가 70 이상이면 상승압력이 우세하고, 30 이하이면 하락압력이 우세한 것으로 판단할 수 있다. 이를 활용해 매수 또는 매도 시점을 결정하는 데 사용한다.

RSI는 가격변동성을 잘 반영하여 시장 상황을 파악하는 데 도움을 주지만 정확한 매매시점을 판단하기 어렵기 때문에 주로 다른 지표와 함께 활용된다.

○ **볼린저 밴드**

주가의 변동성을 나타내는 지표 주가가 이동평균선을 중심으로 표준편차 내에서 결정된다는 것을 전제로 하여 주가의 흐름을 파악한다. 볼린저 밴드를 활용하여 주가차트 패턴을 분석할 수 있고 활용방법으로는 볼린저 밴드 상한선 돌파시 매수, 하한선 돌파 시 매도, 볼린저 밴드 상한선과 하한선 사이에서 매수 후 중심선 돌파 시 매도, 볼린저 밴드 상한선과 하한선 사이에서 횡보 시 매수 후 중심선 돌파 시 매도 등의 방법이 제시되고 있다(출처: 네이버).

○ **PBR(Price to Book Ratio) 척도**

PBR(주가순자산비율)은 주가를 기업의 주당 순자산가치로 나눈 비율 또는 시가총액을 순자산으로 나눈 비율로 PBR이 1보다 낮다는 것은 주가가 장부가치보다 낮게 평가되어 있다는 것을 의미하며, 기업이 저평가되어 있다고 할 수 있으며, 반대로 PBR이 1보다 높다는 것은 주가가 장부가치보다 높게 평가되고 있어, 기업의 주가가 고평가되어 있다고 할 수 있다. 그러나 PBR이 1보다 낮다고 무조건 저평가되어 있다고 할 수 없는데 이는 해당 지표가 매출채권, 미수금, 고정자산 등으로 인해 왜곡될 수 있기 때문이다(출처: 네이버).

슈퍼 연금

초판 1쇄 발행 2024. 11. 6.
     2쇄 발행 2024. 11. 22.

지은이 김인응
펴낸이 김병호
펴낸곳 주식회사 바른북스

편집진행 김재영
디자인 양헌경

등록 2019년 4월 3일 제2019-000040호
주소 서울시 성동구 연무장5길 9-16, 301호 (성수동2가, 블루스톤타워)
대표전화 070-7857-9719 | **경영지원** 02-3409-9719 | **팩스** 070-7610-9820

•바른북스는 여러분의 다양한 아이디어와 원고 투고를 설레는 마음으로 기다리고 있습니다.

이메일 barunbooks21@naver.com | **원고투고** barunbooks21@naver.com
홈페이지 www.barunbooks.com | **공식 블로그** blog.naver.com/barunbooks7
공식 포스트 post.naver.com/barunbooks7 | **페이스북** facebook.com/barunbooks7

ⓒ 김인응, 2024
ISBN 979-11-7263-823-8 03320

•파본이나 잘못된 책은 구입하신 곳에서 교환해드립니다.
•이 책은 저작권법에 따라 보호를 받는 저작물이므로 무단전재 및 복제를 금지하며,
이 책 내용의 전부 및 일부를 이용하려면 반드시 저작권자와 도서출판 바른북스의 서면동의를 받아야 합니다.